Affiliate Marketing

Schritt für Schritt Anleitung: **In nur einem Wochenende Geld verdienen im Internet - inklusive Begleitkurs zur Umsetzung**

Jens Neubeck

Inhaltsverzeichnis

Einleitung

Ein zweites Standbein aufbauen - Geld verdienen im Internet mit Affiliate Marketing

Der Traum vom Geld verdienen im Internet platzte beinahe wieder, bevor er überhaupt beginnen konnte. In den ersten 9 Monaten verdienten wir 19,58 Euro mit unserem Affiliate Marketing Business und sammelten 28 E-Mail Adressen - so gut wie nichts also.

Dennoch ist es die einfachste Möglichkeit, sich ein zweites Standbein aufzubauen und den 9 to 5 Job an den Nagel zu hängen. Endlich das Hamsterrad verlassen und die Sklaverei eines 9 to 5 Job beenden.

Keine 2 Jahre später erwirtschaften wir mit unserem Online Business 6-stellige Umsätze und gehören zu den Besten in der Affiliate Szene.

In Zusammenarbeit mit Amazon haben wir unsere beste Strategie niedergeschrieben und zeigen dir, wie auch du es in nur einem Wochenende schaffen kannst, dir dein zweites Standbein im Internet aufzubauen.

Das Beste daran ist, dass du das System für automatisierte Affiliate Verkäufe mit einem zeitlichen Aufwand von nur 1h pro Woche betreiben kannst. Dabei ist es egal, ob du auf deinem Balkon sitzt oder am Strand liegst.

Wenn auch du in der Situation bist, dass du gerne mit Affiliate Marketing Geld verdienen willst, den Wald vor lauter Bäumen aber nicht mehr siehst, dich ständig verzettelst und einfach keinen roten Faden erkennst, dann wird dir dieser Ratgeber zum Thema Affiliate Marketing die Augen öffnen. Neben einer glasklaren Schritt für Schritt Anleitung geben wir dir folgende hochwertige Werkzeuge an die Hand:

- 121 Themen und Nischen, welche wir analysiert haben und dir zur Verfügung stellen
- 5 fertige Konzepte, die nutzen kannst
- Case Study: Wie es ein 68-jähriger Kunde mit seiner Leidenschaft - Südafrika reisen - geschafft hat, sich ein zweites Standbein aufzubauen
- Case Study: Wie wir mit dieser Strategie mehr als 6.326 Euro in 4 Wochen verdient haben
- Wenn du einen dieser 7 Fehler machst, kosten sie dich garantiert deinen Erfolg und du stehst mit leeren Händen da

Wir selbst sind top Affiliates und verdienen dank dieser Vorgehensweise mehr als 1000 Euro netto in unserem Digistore24 Account pro Tag.

	Digistore-ID	Brutto-betrag	Storn quo
1	socialmediakonzepte	201.867,39 €	2%
	[redacted]	101.176,79 €	5%
	[redacted]	100.890,03 €	4%

Dieser Auszug zeigt, mit welchem Abstand wir Platz Nr. 1 bei www.affiliatemeisterschaft.com belegen.

DAS AKTUELLE LEADERBOARD UND DEIN STATUS

(Affiliates die einer Veröffentlichung wiedersprechen werden in dieser Liste nicht aufgeführt und nehmen nicht an der Meisterschaft teil)

Zeige 20 Einträge — Suche:

#	Affiliate-ID	RalfSchmitz	lowcostweltenbummler	einfach-erfolgreich	Gesamt	Status
1	socialmediakonzepte	25.903,38	436,02	0,00	26.339,40	
2	floshkit	15.295,81	0,00	0,00	15.295,81	
3	Founder	12.192,41	0,00	0,00	12.192,41	
4	erfolgsgeld	10.809,44	123,57	0,00	10.933,01	

Du machst Umsatz mit Affiliate Marketing und bekommst dafür Punkte, wie bei Payback Systemen.

Warum erzähle ich dir das?
Du bist kurz davor, das nötige Handwerkszeug an die Hand zu bekommen und mit Affiliate Marketing durchzustarten - dein zweites Standbein aufzubauen. Es ist auch für dich möglich.

Ressourcen und Material

Mehr Informationen über die Herausgeber dieses Ratgebers findest du hier: https://salesangels.org

In Zusammenarbeit mit Amazon und den besten der Online Branche, haben wir dieses Wissenswerk zusammengestellt, welches dich in eine komfortable Situation eines einflussreichen Online Business versetzt.

Dieser Sonderreport bildet die Grundlage und vermittelt dir ein tiefes Verständnis in den Prinzipien eines Affiliate Businesses. Damit du nach dem Lesen nicht alleine bleibst, helfen wir in den folgenden 10 Tagen dabei, das Erlernte so umzusetzen, dass du nachhaltig Geld mit Affiliate Marketing verdienst. Du kannst dich direkt für das 10 Tage Mentoring eintragen und selbst zum top Affiliate werden. 10 Tage Affiliate Marketing Mentoring: https://klickehier.com/10-tage-mentoring

In diesem Mentoring erwartet dich folgendes:

- Die richtige Nische auf Amazon zu definieren, bei welcher du Besteller werden kannst.
- Wie erstellen für dich deine Keyword Analyse, sodass du dir sicher sein kannst, die richtigen Worte zu deinem Thema zu treffen und gefunden zu haben.
- Wir erarbeiten mit dir die Problemlösung, welche exakt zu deiner Zielgruppe passt.
- Wir definieren zusammen die richtige Vermarktungs- und Affiliate Strategie.
- Wir zeigen dir exakt den Aufbau deines Kindles und erarbeiten mit dir eine Blaupause, welche du 1, 3, 5, 10, oder auch 100x kopieren kannst.
- Wir zeigen dir, wie du auf 300 weitere Portale kommst und massiv an Reichweite und Einfluss in deiner Nische gewinnst
- Wir helfen dir dabei, die richtigen Stellschrauben bei der Werbung zu definieren und die Amazon Werbung Strategie exakt auszuarbeiten.

In unserem Affiliate Marketing Coaching lernst du alles nötige in den nächsten 10 Tagen. Hier kannst du dich direkt anmelden: https://klickehier.com/10-tage-mentoring

Ziel dieses Buches

Für dich ist es möglich, dass du dir in nur einem Wochenende ein profitables Online Business aufbaust und mit Affiliate Marketing die ersten Einnahmen verdienst.

Vergleiche Affiliate Marketing mit einem Puzzle mit 5000 Teilen.

Was tut der Puzzler, bevor er sich in das Abenteuer stürzt? Der erfahrene Puzzler schaut sich zunächst den Karton des Puzzles an, um sich ein Bild vom Endergebnis sowie den Details zu machen. Anschließend sucht er die Randteile heraus und puzzelt den Rahmen. Danach sortiert er die Teile nach Farben und schaut, welche davon von der Form her zusammenpassen.

Die meisten Kurse, Bücher oder Seminare sind einzigartig und gut, sehr viele davon sehr hochwertig. Doch meistens sind es nur einzelne Puzzleteile eines großen Bildes. Wir möchten dich dazu einladen, mit uns das große ganze Bild anzuschauen, bevor du dich mit den Einzelteilen beschäftigst. Dem Big Picture des Affiliate Marketing gehen wir in diesem Buch auf den Grund.

Du wirst nach dem Lesen in der Lage sein, in nicht einmal einem Wochenende dein eigenes Affiliate Business zu starten, welches dir Einnahmen bringt.

Klar du wirst nicht an einem Wochenende Millionär werden, doch die ersten Einnahmen verdienen. Und genau darum geht's uns ja. Endlich mal den ersten Euro mit Affiliate Marketing zu verdienen. Den Glauben erhalten und endlich in die Spur gelangen. ich erinnere mich noch genau an diesen Moment. Der erste Euro im Affiliate Marketing nach meiner frustrierenden Zeit. Ein unbeschreibliches Gefühl und einer der schönsten Tage meines Lebens.

Kapitel minus 5: Was ist Affiliate Marketing?

Affiliate Marketing kommt aus dem Englischen und heißt nichts anderes, als "Empfehlungsmarketing", was bedeutet: Ich empfehle ein Produkt und bekomme dafür eine Provision (Erfolgsbeteiligung).

3 Beispiele:

1. Beispiel: Du bist in der Pizzeria und isst eine Pizza. Nach dem Essen kommt der Geschäftsführer zu dir und fragt dich, ob du zufrieden warst. Du antwortest: "Ja, die Pizza war wirklich sehr gut!" Er schlägt dir vor: "Wenn du unser Restaurant weiter empfiehlst und deine Freunde bei mir zum Essen kommen, erhältst du für jede ihrer Pizzen 2 € Nachlass auf deine nächste Bestellung." Das ist Empfehlungsmarketing mit einer Erfolgsbeteiligung.

2. Beispiel: Du spielst in einem Verein Fußball und kaufst dir neue Fußballschuhe. Der Chef des Sportgeschäfts fragt dich, ob du diese Schuhe bzw. den Sportladen an deine Vereinsmitglieder weiterempfehlen würdest. Du sagst: "Klar, das kann ich machen." und preist den Sportladen bei deinen Kameraden an. Nachdem zehn deiner Fußballkollegen sich ebenfalls dort Sportschuhe gekauft haben, erhältst du ein neues Paar umsonst.

3. Beispiel: Du liebst Südafrika, kennst das Land und die Gegebenheiten genauso wie deine Westentasche. Du erzählst deinen Freunden worauf sie bei ihrer eigenen Reise nach Südafrika achten müssen, welche Gefahren lauern und wie sie sich ideal vorbereiten. Beim Flug verdienst du eine Provision von

Fluggesellschaften, beim Hotel eine Provision über Booking und die Packliste stellst du bei Amazon zusammen und verdienst an jedem Warenkorb deiner Kunden. (Genau diesen Kunden wirst du im weiteren Verlauf genau kennen lernen, denn er ist in einer Case Study veröffentlicht)

Affiliate Marketing beinhaltet genau solche "Deals", nur mit dem Unterschied, dass die Empfehlungen über das Internet ausgesprochen werden. Dadurch werden nicht nur 5-10 Personen aus dem Freundeskreis erreicht, sondern gleich mehrere 100, 1000 oder 10'000. Große Konzerne und Firmen haben sogar eigene Affiliate Marketing Partnerprogramme (z.B. Die Bahn, Amazon, Zalando, Apple, Booking.com usw.). Da die Empfehlung viral allen Menschen im Netz zugänglich gemacht wird, steigen automatisch die Verdienstmöglichkeiten. Durch eine gezielte Automatisierung können wir sogar Geld verdienen, auch wenn wir gerade nicht am PC sitzen. So entstanden Begriffe wie "passives Einkommen", "Geld von zu Hause aus verdienen", "Geld auf Knopfdruck verdienen" oder "Vermögensaufbau im Schlaf". Sicher wird dir nun klar, welch ein unglaubliches Potential Affiliate Marketing in sich trägt.

Das Wort "Affiliate" haben wir nun geklärt. Es handelt sich um eine Empfehlung, für die du ein Entgelt bekommst. Wie sieht es nun mit dem Begriff "Marketing" aus? Viele verwenden Marketing und wissen gar nicht, was dahinter steckt. An dieser Stelle verzichte ich auf einen Wikipedia Auszug oder wissenschaftliche Erläuterungen welche nur Studenten kennen können. Du erhältst meine Definition - Marketing von der Straße ... das im tatsächlichen Leben funktioniert und für Millionen Umsatz sorgt.

Marketing ist eine Art der Kommunikation. Du als Absender transportierst eine Botschaft zu deinem Empfänger.

Sind die Elemente des Marketings ein Privileg und angeboren? Garantiert nicht. Es ist erlernbar. Marketing bildet das Fundament eines jeden Verkaufes.

Zum Einstieg in dieses Thema möchten wir dir eine Metapher mit auf den Weg geben. Es ist nachgewiesen, dass Enteneier besser schmecken, größer und eigentlich auch viel gesünder für den Menschen sind, als Hühnereier. Aber wieso essen 95% der Menschen Hühnereier? Ganz einfach: Die Ente watschelt nachdem sie ihr Ei gelegt hat in den See, um zu schwimmen und mit viel Glück entdeckt irgendjemand das Ei. Das Huhn hingegen gackert so lange, bis jeder weiß, dass es ein Ei gelegt hat. Das Huhn macht letztendlich besseres Marketing als die Ente und aus diesem Grund werden Hühnereier häufiger verzehrt als Enteneier.

Marketing ist der Schlüssel zu deinem Erfolg. Konzentriere dich auf dein Marketing. Die Technik ist oftmals alles andere als einfach umzusetzen. Aber ganz ehrlich, wir haben schon manchmal Links verschickt, die nicht funktioniert haben und anschließend dann eine Korrekturmail, die auch nicht fehlerfrei war. Am Ende des Tages hat sich eine Person aus unserer E-Mail Liste ausgetragen und den restlichen Leuten war es an sich egal. Sie haben den Fehler gar nicht gemerkt. Was wir damit sagen möchten: Konzentriere dich auf dein Marketing und alles andere wird zur Nebensache.

Es nimmt niemand dein Business so ernst wie du selbst. Am Ende des Tages steht und fällt dein Business mit Marketing und Vertrieb.

Was ist eigentlich Marketing?

Für uns ist Marketing nichts anderes als die richtige Kommunikation zu deinem Kunden, um ihm dein Produkt schmackhaft zu machen und es zu verkaufen. Diese Kommunikation sollte gelernt sein. Am besten verkaufst du, wenn du das Unterbewusstsein deines Interessenten ansprichst. Wie du mittlerweile gelernt hast, besteht dieses aus Emotionen, Gefühlen, Werten und Bildern. Nutze dieses Wissen und spreche mit deinen Kunden auf einer emotionalen Ebene.

Spreche niemals von Eigenschaften, sondern immer von Vorteilen. Warum? Weil sich jeder Mensch fragt: Was ist für mich drin? Was habe ich davon? Wie bringt mich das gerade weiter?

Wenn du also die richtigen Menschen in der richtigen Sprache ansprichst, ist das schon die halbe Miete.

Wenn interessiert schon welche tollen Eigenschaften eine Bohrmaschine mit sich bringt. Die Leute interessiert noch nicht einmal das Loch in der Wand, sondern die Tatsache das dir dein Schatz um den Hals fällt und sagt danke Lieblich schön das du das Bild aufgehängt hast. Eben die Emotion.

Wie kannst du noch heute nützliche Marketingelemente erlernen die sogar Spaß machen?

1. Besuche ein Kiosk und kaufe dir Fachzeitschriften, welche zu deinen Produkten und deiner Zielgruppe passen. Die

Redakteure haben hier oftmals schon die Arbeit für dich erledigt und wissen ganz genau, wie die Zielgruppe angesprochen werden muss und welche Inhalte für sie interessant sind.

2. Trage dich in 10 bis 20 Newslettern von guten Online Marketern ein und betrachte die Mails aus einem anderen Blickwinkel. Welchen Betreff verwenden sie? Wie beginnen und enden die Mails der Experten? Wie ist die Mail aufgebaut? Notiere deine Favoriten. Mit ein bisschen Übung wirst du sehr schnell Muster erkennen.
3. Besuche die Homepage der Bild Zeitung, schaue dir die letzten fünf bis zehn Schlagzeilen der Titelseite an und formuliere diese für deine Zielgruppe um.
4. Schau immer mal wieder eine Serie / Soap und achte dabei vor allem auf das Ende. Was kannst du daraus lernen? Wie schaffen es die Macher einer Soap, dass die Leute immer wieder einschalten und das oftmals über viele Jahre? Was macht das Ende einer Serie so besonders? Kannst auch du solche Elemente in Videos, Texten und E-Mails verwenden?

Marketing ist nichts anderes, als seine Kunden kennenzulernen und diese mit emotionalen Punkten zu bewegen. Einen Schmerz zu beseitigen bzw. Probleme zu lösen oder Freude zu erlangen und dadurch Ziele zu erreichen und Geld zu verdienen. Mit Marketing transportieren wir genau diese Botschaften zu unseren Interessenten/Kunden.

Welche Maßnahmen bauen nun Vertrauen auf und vermarkten deine Produkte? **Merke: Je weniger du verkaufst, desto beliebter wirst du sein. Menschen lieben es zu kaufen, doch sie hassen es, verkauft zu bekommen.** Du hilfst den Menschen nur dabei, deine Botschaft mit Marketing zu transportieren und ihnen bei der Entscheidung zu helfen.
So weit, so gut. Aber wie gehst du am besten vor? Zunächst einmal musst du den Bedarf deines Kunden ermitteln. Wie genau du das machst, erfährst du im 4. Kapitel - Die Keywords mit Emotionen aufladen (Kundentransformation)

An Tag eins unseres Mentoring gehen wir nochmal genau auf das Thema Affiliate Marketing ein und zeigen dir in einem kurzen Video worauf es beim Affiliate Marketing ankommt.
Hier kannst du dich direkt zum kostenlosen Mentoring eintragen:
https://klickehier.com/10-tage-mentoring

Bevor wir uns die ersten Schritte genau anschauen, möchte ich dir erst nochmal einige Beweise liefern, wie einige unserer Kunden mit diesem Konzept gute Einnahmen erwirtschaften konnten.

Kapitel minus 4: Beweise wie 3 Kunden mit dieser Strategie direkt Geld verdienen im Affiliate Marketing

Sam Cadosch

Sam wusste nicht, wie sie Geld im Internet verdienen konnte. Sie hatte keine Idee, was für sie möglich ist. Nach nicht einmal 3 Wochen Zusammenarbeit und Umsetzung dieser hier beschriebenen Strategie, sah es bei Sam so aus:

Tag - Verdienst | Tag - Grafik | Woche - Verdienst | Woche - Grafik | Jahr - Verdienst | Jahr - Grafik

Tag	Nettobetrag
07.02.2019	0,00 €
06.02.2019	449,92 €
05.02.2019	107,11 €
04.02.2019	201,51 €
03.02.2019	67,88 €
02.02.2019	70,34 €
01.02.2019	254,10 €
31.01.2019	421,37 €
30.01.2019	33,29 €
29.01.2019	35,04 €
28.01.2019	23,56 €

Adrian Giger

Adrian hatte bereits mehrere 1000 Euro für Kurse, Weiterbildungen und Seminare investiert. Doch alles hat nicht so recht funktioniert.

Eines Abends sitzt er mit seiner Frau auf der Couch und kommt nicht mehr aus dem Staunen heraus: 500 Euro an einem Abend, während er nicht mal an's Arbeiten denkt.

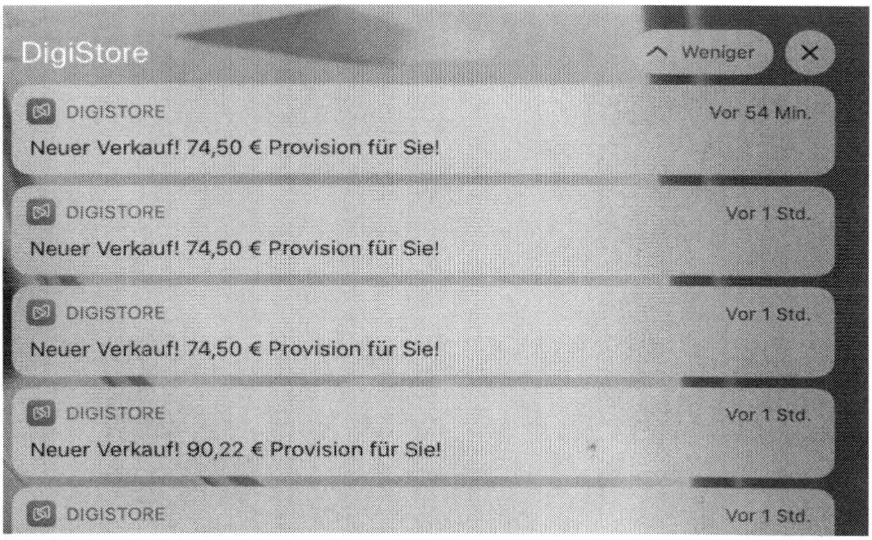

https://adriangiger.com/case-study-kps

Lars Pilawski

Kommt mit dieser Strategie in Berührung, versendet 2 Mails und macht mit dieser Vorgehensweise über 15.760 Euro Umsatz. Insgesamt 80 Sales in nur 4 Wochen.

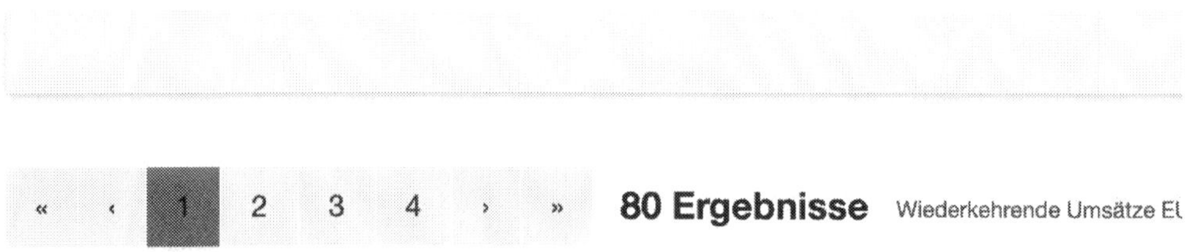

Spätestens jetzt solltest du das Prinzip verstanden haben und immer mehr Glauben das es tatsächlich funktioniert. Doch das klappt nur wenn du dich genau an die nötigen Schritte hältst

Kapitel minus 3 - Der erste wichtige Schritt

Das richtige Mindset für ein profitables Online Business

Keine Sorge ich werde jetzt nicht der nächste Mindset Coach oder Erfolgs Trainer, dennoch möchte ich dir ein paar wichtige Prinzipien aus dem Bereich Mindset vermitteln.

Selbstvertrauen aufbauen

Damit zu den Geldstrom entfachen kannst, musst du zunächst verstehen, in welchem Kreislauf Geld in großen Summen zu dir fließt. Nennen wir diesen Kreislauf "Der Kreislauf des Geldverdienens".

Geld ist Energie, oder wie mein Kollege immer sagt: Gedruckte Freiheit.

Bevor du nicht die richtige Einstellung zu Geld hast, wird es sich immer von dir fern halten. Geld ist immer neutral. Geld ist weder gut, noch schlecht. Du entscheidest, was dieses Geld für dich ist. Eine Kraft oder eine Last. Mit beidem hast du in jedem Fall recht.

Geld ist doch lange nicht alles, denkst du dir jetzt vielleicht. Und da hast du vollkommen recht. Geld ist nicht alles, doch ohne Geld ist alles nichts. Wenn du dir immer wieder sagst, dass Geld nicht so wichtig ist, zeugt das davon, dass du noch kein gutes Mindset zu Geld hast. Geld wird immer dann zu wichtig, wenn es nicht vorhanden ist. Das heißt, du solltest Geld wichtig genug nehmen, um es vernünftig zu klären, sodass es niemals zu wichtig wird.

Nun schauen wir uns den Kreislauf des Geldverdienens genauer an:

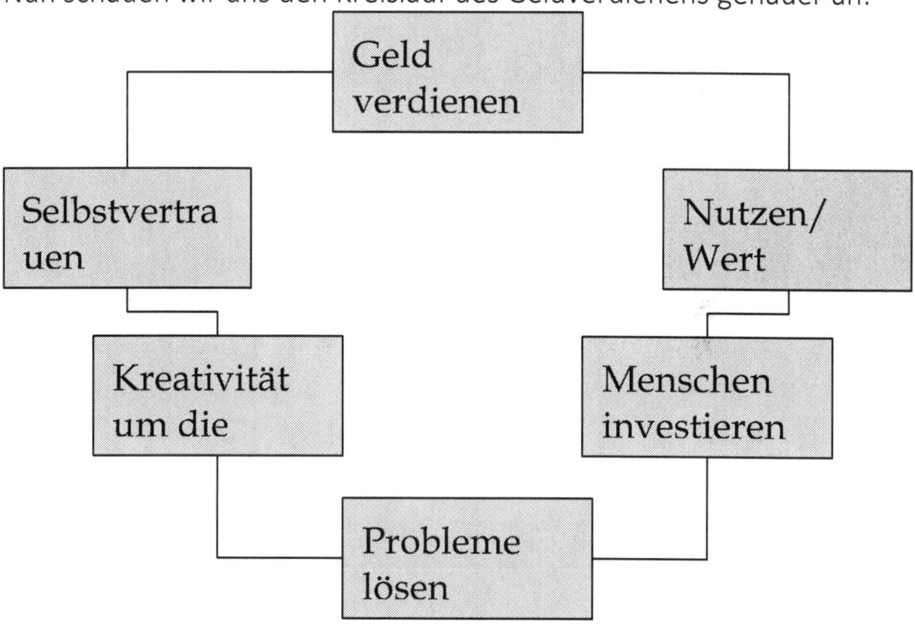

Geld verdienen, kommt von "dienen", wertvoll und nützlich sein. Du musst für andere Menschen Werte schaffen, damit sie bereit sind, in dich und dein Business Geld zu investieren. Damit die Menschen in dich investieren und du maximal wertvoll und nützlich sein kannst, musst du ein bestimmtes Problem für diese Menschen lösen.

Um Probleme lösen zu können, erfordert es Kreativität. Deine Ideen wirst du allerdings nur aussprechen, wenn du ein entsprechendes Selbstvertrauen hast. Je größer also dein Selbstvertrauen ist, desto mehr Geld wirst du verdienen.

Die erste Aufgabe besteht darin, dass du dein Selbstvertrauen aufbaust. Selbstvertrauen heißt "Ich vertraue mir und meinen Fähigkeiten selbst" und "Ich glaube, dass ich meine Ziele erreiche". Ein Glaube ist, eine Tatsache für wahr halten.

Der Glaube entsteht durch viele Beweise, die du gesammelt hast. Solltest du den Glauben an dich oder an dein Ziel aktuell nicht haben, kannst du ihn durch eben diese Beweise wieder zurück bekommen.

Schreibe dir täglich auf worauf du stolz bist und was dir besonders gut gelungen ist. Führe jeden Tag ein Erfolgsjournal mit deinen 5-10 Punkten, welche dir heute gut gelungen sind. Es sind oftmals die kleinen Dinge, die den Unterschied machen. Jede erfolgreiche Persönlichkeit macht genau das. Sie führt ein Erfolgsjournal und nimmt sich dieses Journal einmal zur Hand, wenn es gerade nicht so gut läuft.
Du merkst: Es beginnt immer mit dir. Deswegen:

„Die Menschen kommen wegen deinem Content und bleiben wegen deiner Persönlichkeit"

Arbeite hart an deinem Business, aber noch viel härter an deiner Persönlichkeit! Deine Persönlichkeit ist das, was dich als Menschen ausmacht. Sie formt deinen Charakter, deine Einstellung und deine Ausstrahlung.

90% davon ist im Verborgenen gespeichert und zwar in deinem Unterbewusstsein. Es speichert quasi alles, was dich als Menschen ausmacht: Gefühle, Emotionen und Erfahrungen. Genau diese Elemente formen deinen Glauben. Wenn du oft genug eine Erfahrung machst, dass etwas gut oder schlecht ist, dann wirst du daran glauben. Du wirst diese Tatsache als wahr empfinden und dich davon abwenden oder hingezogen fühlen.

Achte darauf, dass du dein Unterbewusstsein in Einklang mit deinen Zielen bringst. Machst du das nicht, dann ist das so, als würdest du gegen den Strom im Rhein schwimmen. Das kostet viel Kraft und ermüdet dich. Sobald du dann einmal stoppst, fällst du schnell wieder zurück. Du kommst nicht voran. Bringst du hingegen deine Ziele in Einklang mit deinem zentralen Datenspeicher (im Unterbewusstsein können unendlich viele Informationen gespeichert werden), wirst du nicht gegen, sondern mit dem Strom schwimmen und tausend Mal schneller vorankommen. Wenn du dann noch die Stromschnellen nutzt, kannst du deine Ziele viel leichter erreichen.

Hier findest du ein paar Stromschnellen, die wir zusammengetragen haben:

1. Visualisiere dein gewünschtes Endergebnis unter Einbringung deiner fünf Sinne: Wie fühlst du dich? Was hörst du? Was riechst du? Was schmeckst du? Was siehst du? Mache diese Übung regelmäßig und du trainierst deine Vorstellungskraft und dein Ziel-Bild. Anmerkung: Dein Unterbewusstsein kann

nicht unterscheiden, ob es bereits wahr ist oder ob du es dir nur vorstellst. Es versucht immer Lücken vom Ist- und Soll-Zustand zu schließen und zu überbrücken.

2. Wiederhole deine Ziele so oft wie möglich. Schreibe täglich deine Top 4 Ziele 4x auf (Stichpunkte reichen aus). Durch das Wiederholen deiner Ziele graben sie sich immer tiefer in dein Bewusstsein ein. Stelle es dir so vor, als würdest du einen völlig neuen und bisher unbetretenen Weg entdecken. Läufst du diesen mehrmals, entsteht ein Trampelpfad. Durch weitere Wiederholungen ein Feldweg, dann eine Bundesstraße und letztlich eine Autobahn. Je stärker diese Verbindung ist, desto schneller können Informationen verarbeitet werden. Je mehr Infos du verarbeiten kannst, umso besser entwickelt sich deine Kreativität. Je höher die Kreativität ist, desto mehr Ideen fallen dir ein. Letztendlich sind gute Ideen Lösungen von Problemen und je besser du Probleme lösen kannst, umso mehr sind andere bereit für deine Leistung zu bezahlen.

Fazit: Es ist wichtig, dass du deinen zentralen Speicher mit guten Informationen fütterst. Achte darauf, dass du positives Futter eingibst. Dies kannst du beispielsweise durch Lesen, Hörbücher oder das Besuchen von Seminaren erreichen. Achte dabei auch auf dein Umfeld. Mit welchen Menschen umgibst du dich? Denke daran, dass die fünf Menschen, mit denen du dich am häufigsten umgibst, massiv deinen Charakter formen (sie beeinflussen dein Unterbewusstsein entweder zum Positiven oder zum Negativen). Zweifel, Groll, Unwohlsein und Angst kannst du mit einem Virus auf einer Festplatte vergleichen. Nach und nach infiziert er immer mehr gesunde und wichtige Dateien! Lass deshalb solche Viren gar nicht erst an deine Festplatte (an dich) heran!

Nehmen wir das Wort “Selbstbewusstsein” einmal auseinander: Selbst - bewusst - sein. Bedeutet also, sich seiner selbst bewusst zu sein. Seiner Existenz sowie aber auch seiner Talente, Fähigkeiten, Stärken und Begabungen, aber auch Ziele und Beweggründe.
Um Selbstbewusstsein zu erlangen, helfen dir 4 Fragen, welche du ausführlich beantworten solltest.

Was will ich erreichen?

Hast du dich jemals in dein Auto gesetzt und bist einfach drauf losgefahren?
Höchstwahrscheinlich nicht. Du wirst mit Sicherheit gewusst haben, wo du hin wolltest. Im Leben ist es mit deinen Zielen genauso. Viele Menschen haben keine Ziele, irren planlos durch das Leben und wundern sich, dass sie nicht ankommen.
Zuallererst musst du dir also überlegen, WAS du überhaupt erreichen möchtest. Tue das aber nicht nur in deinem Kopf, sondern formuliere dein Ziel aus!
Wichtig dabei ist, dass du dir dabei keine Grenzen setzt! Das Ziel kann für dich oder andere in diesem Moment noch so utopisch sein, du darfst es dir setzen! Und vor allem: Du darfst träumen! Werde also noch einmal 10 Jahre alt und lasse deiner Phantasie freien Lauf!

“In 10 Jahren möchte ich tun/sein/haben”

Aufgabe: Was will ich erreichen? Beantworte dir schriftlich diese Fragen, denn wenn du nicht weißt wohin du möchtest ist jeder Weg der Richtige?

- Welche Persönlichkeit bist du in deinem Traumleben?
- Welchen Hobbys gehst du in deinem Traumleben nach?

- In welchem Haus lebst du? Mit wem lebst du dort? Und wo ist dein Wohnort?
- Wie steht es um deine Finanzen? Welche Investitionen tätigst du?
- Welcher Berufung gehst du nach? Welche Aufgaben hast du?
- Mit welchen Menschen umgibst du dich? Wer sind deine Freunde?
- Wie sieht dein Alltag aus?
- Sonstige Dinge in deinem Traumleben...

Warum möchte ich das erreichen?

Anschließend musst du dir klar machen, WARUM du dieses Ziel erreichen möchtest. Du brauchst ein starkes Warum, das dich immer daran erinnert, wieso du so viel auf dich nimmst - vor allem in schwierigen Situationen. Hast du dieses Warum nicht, wirst du bei der ersten Hürde aufgeben oder dein Ziel aus den Augen verlieren und dich einem anderen Ziel zuwenden. Dieses wirst du wahrscheinlich wieder so lange verfolgen, bis auch dort ein Problem aufkommt. Aber so erreichst du nie deine Ziele...

Aufgabe: Finde gute Gründe Warum du dein Ziel erreichen möchtest?

Was sind meine Talente, Fähigkeiten, Begabungen und Stärken?

Mache dir deine Stärken bewusst! Sie werden dir zeigen, WIE du dein Ziel erreichen kannst und dir dabei treu bleibst. Nehmen wir an, dein Ziel ist es, ein Produkt über das Internet zu verkaufen. Du könntest einen Blog zu deinem Produkt schreiben oder aber es in einem Video bewerben. Fällt es dir schwer, Texte zu verfassen, jedoch leicht vor der Kamera zu stehen, wirst du wohl mit den Werbevideos (z.B. auf Youtube) mehr Erfolg haben. Dies mag nicht nur daran liegen, dass du das besser kannst, sondern weil du dabei viel authentischer wirkst, als wenn du dich mit einem Text herumschlagen würdest. Definiere daher deine Stärken und konzentriere dich auf diese!

Aufgabe: Welche Stärken hast du? Falls du deine Stärken nicht kennst, überlege dir welche Schwächen du hast, oftmals sind die deine Stärken das Gegenteil von deinen Schwächen.

Welches Thema bereitet mir Freude? Was ist mein Herzensthema?

Diese Frage ist wichtig, denn viele Affiliates suchen sich ein Produkt, welches zwar eine hohe Provision bringt, jedoch überhaupt nicht zu ihnen passt. Wie willst du über ein Thema mit Begeisterung sprechen, wenn du selbst nicht dafür brennst? Auch hier spielt Authentizität eine große Rolle. Du verkaufst Produkte 10x besser, wenn du hinter ihnen stehst. Nur wenn du selbst das Feuer der Begeisterung zu einem Thema in dir trägst, kannst du es in anderen Menschen entzünden. Die Menschen merken, ob du für etwas brennst oder nicht.

Viele Denken es gibt nur Geld verdienen im Internet, Finanzen und Fitness mit welchen man als Affiliate Geld verdienen kann. Dabei gibt es viel mehr Potential in anderen Nischen woran du gar nicht denkst.

Du liebst deinen Garten: Dann werde Affiliate für Garten und rund ums Haus
Deine Leidenschaft ist backen: Dann verdiene Geld mit Backen.

Gehe nicht auf Nischen oder Themen die dir keinen Spaß machen oder dich nicht interessieren. Schließlich möchtest du eine authentische Empfehlung aussprechen, also wähle ein Thema welches dir unglaublich Spaß macht und worüber du dich den ganzen Tag unterhalten kannst.

Aufgabe: Beantworte dir folgende Fragen um dein Thema zu finden

- **Was hat dir als Kind Spaß gemacht? Womit hast du gerne gespielt?**
- **Was macht dir heute Spaß? Womit verbringst du gerne** deine Zeit?
- Welche Erfahrungen hast du bisher in deinem Leben gemacht? Auf welche Probleme bist du gestoßen, die du lösen konntest?
- Welche Talente hast du?
- Welchen Beruf übst du aus und bist darin wirklich gut?
- Welche Werte würdest du gerne für andere schaffen?

Beantworte diese vier Fragen schriftlich und du wirst dir sehr viel klarer darüber sein, wer du bist, was du kannst und was du willst. Alle erfolgreichen Online Unternehmer haben ein klares Selbst-bewusst-sein. Unterschätze daher diese Übung nicht und schenke ihr die nötige Aufmerksamkeit.

Kapitel minus 2 - Die Nische/ Thema finden für mein zweites Standbein

Nutze auch hierzu die Fragen, welche du dir oben beantwortet hast. Nun formen wir deine Nische glasklar. Es gibt 4 Hauptnischen, in welchen du das meiste Geld verdienen kann

- Dating / Beziehung
- Geld verdienen / Finanzen
- Fitness und Erfahrung
- Persönlichkeit

Allerdings gibt es hier auch den größten Wettbewerb. Das heißt, manchmal macht es Sinn, seine Nische von anderen Faktoren als dem Verdienst abhängig zu machen. Zum Beispiel
Hobby, Vorlieben, Interessen, Kindheitstraum, Beruflicher Alltag etc.
Schaue auch bei der Nische genauer hin und definiere Unternischen wie z.B.
Online Marketing - Affiliate Marketing - Geld verdienen im Internet.

Hier haben wir 15 weitere Nischen für dich identifiziert, welche sich als sehr lukrativ erwiesen haben:

1) Online Marketing Skills für Unternehmen
2) Vertriebsfähigkeiten und Verkaufen
3) Führung und Mitarbeitermotivation
4) Gesunde Ernährung
5) Schnelle Gerichte
6) Fotos
7) Geld sparen im Alltag
8) Steuern sparen
9) Ziele setzen und erreichen

10) Persönlichkeitsentwicklung & Mindset
11) Garten
12) Die Beziehung mit dem Partner in den Griff bekommen
13) Hunde und Katzen
14) Tiernahrung
15) Vegane Ernährung

Gehe einmal weg vom PC und mache dir Gedanken über deine Nische. Lass dir aber gesagt sein, dass Geld verdienen im Internet immer möglich ist, denn nach dem Lesen dieses Ratgebers weißt du mehr, als 99% der Kollegen.

Weitere Nischen zu deinem Thema findest du beim Internet Giganten Amazon, denn da gibt es über 534 Kategorien für Kindles. (Warum ich für dich die Amazon Kategorien zusammengetragen habe und was Affiliate Marketing mit einem Kindle zu tun hat, erfährst du im weiteren Verlauf).

Die wichtigsten und stärksten Kategorien habe ich dir hier zusammengestellt:

- Business & Karriere
- Bilanzierung & Buchhaltung
- Branchen & Berufe
- E-Business
- Job & Karriere
- Kommunikation & Psychologie
- Kosten & Controlling
- Management
- Marketing & Verkauf (Network Marketing, Online Marketing, Affiliate Marketing)
- Personal
- Wirtschaft

- Börse & Geld
- Bauen & Immobilien
- Börse & Aktien
- Ratgeber
- Steuer
- Versicherungen
- Computer & Internet
- Datenbanken
- Grafik & Multimedia
- Hardware & Technik
- IT - Ausbildung & Berufe
- Mac
- Microsoft
- Programmierung & Webdesign
- Sicherheit
- Unix & Linux
- Esoterik
- Astronomie
- Kartenlegen
- Kochen & Genießen
- Allgemeines, Grundwissen & Lexika
- Alte Kochbücher
- Backen
- Dessert & Süssigkeiten
- Diäten & Spezielle
- Ernährungspläne
- Einmachen & Einkochen
- Erotische Rezepte
- Esskulturen
- Feinschmecker & Gourmet
- Getränke

- Gewürze & Kräuter
- Kochen für die Familie
- Kochen für Feste & Partys
- Kochen nach Art der Zubereitung
- Kochen nach Länder
- Kochen nach Zutaten
- Kochen & Kochshows im Fernsehen
- Küchenutensilien
- Saucen, Dips & Salsa
- Single Küche
- Vegetarische & Vegane Küche
- Vollwertküche
- Vorspeisen
- Ratgeber
- Einkaufsführer
- Eltern & Kinder
- Ernährung
- Gesundheit & Medizin
- Kommunikation
- Lebensführung
- Lesben & Schwule
- Partnerschaft & Beziehung
- Psychologie & Hilfe
- Rechtsratgeber
- Reise & Abenteuer
- Abenteuer & Reiseberichte
- Aktivurlaub, Camping & Survival
- Atlanten, Karten & Pläne
- Bildbände
- Reiseführer nach Länder
- Reiseführer nach Städte

- Reiseführer nach Themen
- Restaurant & Hotelguides
- Wandern & Radwanderung
- Sport & Fitness
- Ballsportarten
- Fitness & Kraftsport
- Fun, Trend & Extremsport
- Fussball
- Hallen & Indoorsport
- Kampfsport & Selbstverteidigung
- Laufen & Leichtathletik
- Motorsport
- Radsport & Biken
- Reiten & Pferdesport
- Schießen, Jagen & Angeln
- Sport allgemein
- Tanzen, Turnen & Gymnastik
- US Sport
- Wandern & Bergsteigen
- Wassersport
- Wintersport
- Lernen & Nachschlagen
- Allgemeinbildung
- Deutsch als Fremdsprache (DAF)
- Deutsche Sprache
- Grundlagenwissen
- Fremdsprachen & Sprachkurse
- Intelligenztraining
- Kataloge
- Lexika, Hand- & Jahrbücher
- Schule, Unterricht & Lernhilfen

- Studienberatung & Werdegang
- Wissen nach Themen
- Kindle Ebooks Kinderbücher
- Beliebte Kinderfiguren
- Bilderbücher
- Feiertage & Feste
- Fremdsprachenlernen
- Geografie & Kulturen
- Grundlagen
- Heranwachsen & Aufklärung
- Historische Romane
- Krimi & Detektivgeschichten
- Märchen, sagen & Legenden
- Religion & Glaube
- Romane & Erzählungen
- Sachbücher
- Sport, Spiel & Spaß
- Tiere
- Verkehr
- Wissenschaft & Natur
- Fachbücher
- Architektur
- Biowissenschaften
- Chemie
- Geowissenschaften
- Germanistik
- Geschichtswissenschaft
- Informatik
- Ingenieurwissenschaft
- Kunstwissenschaft
- Medizin

- Musikwissenschaft
- Philosophie
- Physik & Astronomie
- Psychologie
- Recht
- Romanistik
- Sozialwissenschaft
- Wirtschaft
- Kindle Ebook Jugendliche
- Action & Abenteuer
- Biografien
- Comics & Graphic Novels
- Historische Romane
- Krimis & Thriller
- Liebesromane
- Romane & Erzählungen
- Sachbücher
- Schwierige Themen
- Science Fiction & Fantasy
- Film, Kunst & Kultur
- Architektur
- Ausstellungskataloge
- Bühne
- Design
- Film & Fernsehen
- Fotografie
- Kulturwissenschaften
- Malerei & Skulptur
- Medien
- Mode
- Museum

- Musik
- Belletristik
- Action & Abenteuer
- Aufsätze & Korrespondenz
- Belletristik für Frauen
- Dramatik
- Gegenwartsliteratur
- Historische Romane
- Horror
- Humor
- Klassiker
- Kurzgeschichten & Anthologien
- Literarische Belletristik
- Literaturkritik & Literaturtheorie
- Lyrik
- Märchen, Sagen & Legenden
- Populäre Belletristik
- Religiöse Belletristik
- Vereinigte Staaten
- Comics & Mangas
- Anthologien
- Comics & Graphic Novels für Jugendliche
- Comicstrips & Cartoons
- Fantasy
- Graphic Novels
- Historische Geschichte
- Horror
- LGBT
- Liebesgeschichten
- Literarische Comics & Graphic
- Novels

- Mangas
- Media Tie-in & Adaptierte
- Mystery, Krimi & Thriller
- Nonfiction
- Religiöse Comics
- Science Fiction
- Biografien & Erinnerungen
- Bekannte Persönlichkeiten
- Berufe & Wissenschaft
- Erinnerungen
- Frauen
- Geschichte
- Kriminalität
- Kunst & Literatur
- Reise & Abenteuer
- Soziales
- Sport
- Erotik
- Cartoons & Comics
- Fotografie & Bildbände
- Klassiker
- Mangas
- Romane & Erzählungen
- Sex Ratgeber
- Tipps für Lesben
- Tipps für Schwule
-
- Fantasy & Science Fiction
- Fantasy
- Science Fiction
- Vampirromane

- Krimis & Thriller
- Detektivromane
- Kriminalliteratur
- Suspense
- Thriller
-
- Liebesromane
- Action & Abenteuer
- Fantasy
- Historische Romantik
- Junge Erwachsene
- Lesbenromantik
- Liebesroman (Wholesome Romance)
- Militär Romanitk
- Multikulturell & Rassenübergreifend
- Mystery & Spannung
- Romantische Komödie
- Romantische Literatur für Homosexuelle
- Sammlung & Anthologien
- Science Fiction
- Sport
- Übersinnliches
- Westen
- Zeitgenössisch
- Zeitreisen
- Musiknoten
- Chorwerke
- Gesang
- Instrumente
- Musicals
- Opern

- ⍰ Songbooks & Liedbücher
- ⍰ Naturwissenschaft & Technik
- ⍰ Anthropologie
- ⍰ Archäologie
- ⍰ Biologie
- ⍰ Chemie
- ⍰ Geologie
- ⍰ Ingenieurwissenschaft & Technik
- ⍰ Mathematik
- ⍰ Medizin
- ⍰ Physik
- ⍰ Populärwissenschaften
- ⍰ Umwelt & Ökologie
- ⍰ Verschiedenes
- ⍰ Politik & Geschichte
- ⍰ Biografien & Erinnerungen
- ⍰ Deutsche Geschichte
- ⍰ Deutsche Politik
- ⍰ Epochen
- ⍰ Geschichte Allgemein
- ⍰ Geschichte nach Ländern
- ⍰ Geschichte nach Themen
- ⍰ Gesellschaften
- ⍰ Kriege & Krisen
- ⍰ Politik nach Bereichen
- ⍰ Politik nach Ländern
- ⍰ Politikwissenschaft
- ⍰ Terrorismus & Extremismus
- ⍰ Religion & Glaube

Du hast dir 1-2 Themen ausgesucht und weißt worin du dich entfalten möchtest? Wunderbar dann lass uns weiter machen. Diese Themen sind für dich noch nicht genug?

Ich habe dir hier eine Anleitung erstellt, wie du selbst am Amazon und anderen Portalen deine Nische prüfen und ausfindig machen kannst: https://salesangels.org/video-themen

Kapitel minus 1 - Ist für meine Nische ein Markt vorhanden?

Die Wahl der richtigen Partnerprogramme

Nachdem du deine Nische ausfindig gemacht hast, brauchst du Partnerprogramme welche du empfehlen kannst. Dies ist übrigens auch eine ideale Aufgabe, um die Qualität deiner NIsche zu prüfen.

Du solltest unbedingt diese beiden Dinge für die Suche deiner Partnerprogramme einsetzen. Damit sparst du dir viel Arbeit und Mühe bei der Suche, denn manchmal lohnt es sich nicht wegen 3% mehr Provision zu einem anderen Programm zu wechseln. Es macht meistens mehr Sinn, das meiste beim gleichen zu haben. Sonst kann es passieren, dass du bei 10 Programmen angemeldet bist und bei den einzelnen nicht auf die Mindestauszahlung kommst.

Unter der Seite https://www.affilitizer.com/de/ findest du ein sehr nützliches Plugin, welches dir anzeigt, ob die Website ein Partnerprogramm hat oder eben nicht. Ebenfalls findest du eine Auflistung der Partnerseiten.

Wie bereits oben erwähnt, macht es Sinn, dass du am Anfang nur auf wenigen Partnerseiten vertreten bist.

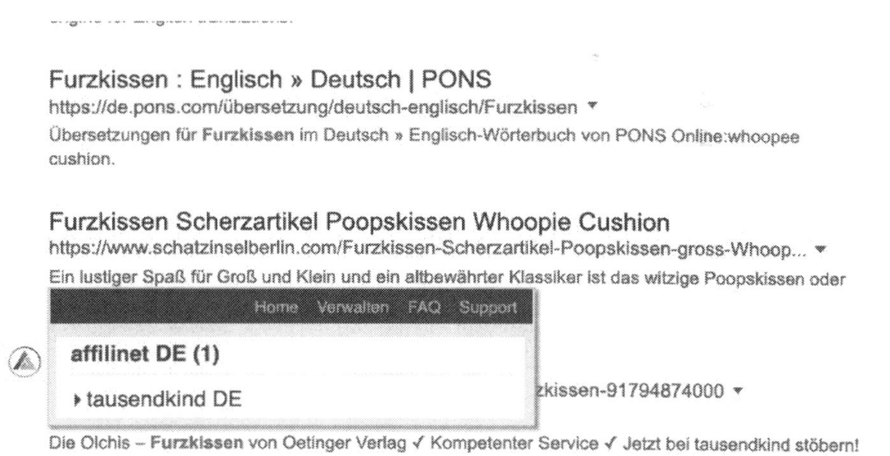

Eine weitere wichtige Website für uns Affiliates:
https://www.affiliate-marketing.de/

Sie ist quasi die Suchmaschine für Partnerprogramme. Ebenfalls gut geeignet zur Suche ist https://www.100partnerprogramme.de/.

Nutze diese Seiten, um recht schnell einen Überblick zu deinem Thema zu erhalten.

Hier habe ich dir die wichtigsten Partner-Programm-Seiten für's Affiliate Marketing zusammengefasst.

Digistore24 https://partner.salesangels.org/digistore

Awin (früher Zanox) https://www.awin.com/de

Affilinet (heute ebenfalls Awin)
https://www.awin.com/de?source=web-affilinet

Tradedoubler https://www.tradedoubler.com/de/

Superclix https://www.superclix.de/

Clickbank https://www.clickbank.com/

Amazon Partnerprogramm https://partnernet.amazon.de/

Affilicon https://www.affilicon.net/

Partnerprogramm von den Sales Angels Jens & Pascal (Eigenes)
http://partner.salesangels.org/

Nur weil dich ein Partnerprogramm nicht gleich annimmt, bitte nicht den Kopf in den Sand stecken. Schreibe die zuständige Person an und frage höflich nach, unter welchen Voraussetzungen du zugelassen wirst. Bringe eine gesunde Hartnäckigkeit mit.

Gehen wir davon aus, dass dein Herz für das Thema Online Marketing, Affiliate Marketing oder Geld verdienen im Internet schlägt. Hervorragende Wahl.

Dein Partnerprogramm für welches du dich entschieden hast, ist das Partnerprogramm der Sales Angels von Jens & Pascal.

Du hast dich für unser kostenloses Online Training mit der Amazon-Kindle-Strategie entschieden. Genauso sind übrigens auch die Case Studies, welche du oben bereits gesehen hast zustande gekommen. Nun schauen wir genauer hinter die Kulissen, wie das Ganze für dich als Affiliate abläuft und wie du in nicht einmal einem Wochenende deine erste Provision verdienst.

In unserem Begleittraining zeige ich dir live an meinem Bildschirm wie ich ein Partnerprogramm zum Thema Hunde gefunden habe und dieses sofort hätte bewerben können. Dieses Video eignet sich nicht nur für Affiliates rund um das Thema Hund, sondern soll als Beispiel dienen für verschiedenste andere Nischen.

Hier klicken und zum Begleitraining anmelden:
https://klickehier.com/10-tage-mentoring

Kapitel Null - Vorbereitung auf die Königsdisziplin "Geld verdienen im Internet mit Affiliate Marketing"

Wenn das System einer Neukundengewinnung still steht, ist es, als würde der Motor eines Businesses nicht mehr funktionieren. Somit kannst du auch keine Provisionen verdienen. Neukunden sind für uns Leads, die du dir aufgebaut hast und welche deiner Empfehlungen nachgehen und dir Tag für Tag Provisionen und Verdienste bringen.

Der Schlüssel liegt in einem System der Neukundengewinnung. Damit verdienst du Provisionen, egal was du gerade tust. Ob du am Strand liegst, im Bus sitzt oder im Park chillst.

Jetzt zeigen wir dir, wie du dir ein System zur Neukundengewinnung aufbaust und zudem auf folgende Vorteile zugreifen kannst:

+ Keine Website nötig
+ Kaufkräftige Besucher über die stärksten Seiten des Internets: Google Adwords, Bing, Yahoo, etc.
+ Diese Strategie funktioniert komplett ohne Werbekosten
+ Hilft dir dabei, dass du auch ohne SEO Optimierung auf Platz eins in deiner Kategorie oder deinem Thema bist.

Bevor wir allerdings in diese Strategie einsteigen, sollten wir einen wichtigen Faktor klären. Nämlich was kaufkräftigen Traffic so besonders und wertvoll für dich, dein Unternehmen oder dein Business macht.

Diese Strategie funktioniert nicht nur für Unternehmer, Selbständige oder Trainer, Berater und Coaches mit einer Dienstleistung oder einem Wissensbusiness, sondern auch für Affiliate Marketer, die kein eigenes Produkt haben. Selbst dann, wenn sie noch gar nicht wissen wo sie beginnen sollen.

Kaufstarker Traffic

Lass uns mit den Grundlagen beginnen. Was zeichnet kaufstarken Traffic eigentlich aus.

Kaufstarker Traffic sind Besucher auf deiner Website, die eine sehr starke Kaufabsicht haben. Im Online Marketing sagen wir auch "Besucher, die eine sehr hohe Relevanz zu dem Thema haben".

Ein kleines Beispiel: Wenn jemand auf Google nach "Hochwertiges Hundefutter kaufen" sucht, ist das ein kaufstarker Besucher. Er hat gerade die Absicht Hundefutter zu kaufen.
Die Suchanfrage "Hochwertiges Hundefutter Vergleich" ist ein wenig kaufstarker Besucher, da die Wahrscheinlichkeit recht hoch ist, dass sich der Interessent zunächst über die verschiedenen Hundefutter Arten informieren möchte, bevor er tatsächlich etwas kauft. Dennoch besitzt er Absichten, sich um das Thema hochwertiges Hundefutter zu kümmern.

Die 3. und schwächste Kategorie wäre der Suchbegriff "Warum hochwertiges Hundefutter". Diesen Besucher müssen wir zuerst überzeugen, warum hochwertiges Hundefutter ideal ist. Die Kaufabsicht ist daher aktuell sehr gering.

Je stärker der Suchbegriff zum kaufen animiert ist, desto kaufkräfriger ist der Besucher. Je weniger Überzeugung wie leisten müssen, desto höher ist die Wahrscheinlichkeit, dass der Kunde bei uns Geld investiert.

Wir merken uns also, dass wir starken Traffic benötigen um das maximale an Umsatz aus dem Besucher heraus zu holen.

“Besucher” bedeutet im Online Marketing “Traffic”, also Verkehr auf der Website. Mehr zu diesem Thema gibt’s weiter unten.
Für die Qualität der Besucher ist die Quelle entscheidend. Welche Medien schicken uns diese Besucher? Im nächsten Abschnitt schauen wir uns die stärksten Quellen etwas genauer an.

Die stärksten Webseiten, die dir die Besucher bringen, von denen die meisten Affiliates nur träumen

Auf der Website von Alexa, einem Portal, das die Rankings der Webseiten im Netz aufzeigt, stellen wir fest, dass die mächtigsten Seiten des Internets folgende sind:

1. Facebook
2. Google
3. Amazon
4. Google

Der Grund, warum genau diese Plattformen so stark sind, ist einfach: Diese Seiten sammeln in Echtzeit Informationen zu den Interessenten und können ihnen schlussendlich das beste Suchergebnis bieten.

	Site
1	Google.com Enables users to search the world's information, including webpages, images, and videos. Offers...More
2	Youtube.com YouTube is a way to get your videos to the people who matter to you. Upload, tag and share your...More
3	Google.de Suche im gesamten Web, in deutschsprachigen sowie in deutschen Sites. Zusätzlich kann gezielt n...More
4	Amazon.de Breites Sortiment mit Schwerpunkt Bücher und Musik. Programm für Partner und etliche Features.
5	Facebook.com A social utility that connects people, to keep up with friends, upload photos, share links and ...More
6	Ebay.de Kaufen und Verkaufen zu Festpreisen und bei Onlineauktionen.

Weitere Ausführung.

Was würde also jetzt passieren, wenn wir es schaffen könnten. Mit einem Medium die stärksten Webseiten auf einmal zu besetzen?

Wäre das nicht fantastisch bis genial?
Vielleicht sogar unrealistisch.

Genau an diesem Punkt standen wir lange Zeit. Wir hielten es nicht für möglich, dass genau das möglich ist. Der Clou an der ganzen Sache:

+ Keine Website nötig

+ Kaufkräftige Besucher über die stärksten Seiten wie Google Adwords, Bing, Yahoo
+ Diese Strategie funktioniert komplett ohne Werbekosten
+ Sie hilft dir dabei, dass du auch ohne SEO Optimierung auf Platz eins in deiner Kategorie oder deinem Thema bist.

Wovon sprechen wir:

Von einem Amazon Kindle, einem Ebook auf der mächtigsten Website im Netz. Dieses Ebook ist ein PDF, welches Amazon im der Bücherbiliothek zur Verfügung stellt.

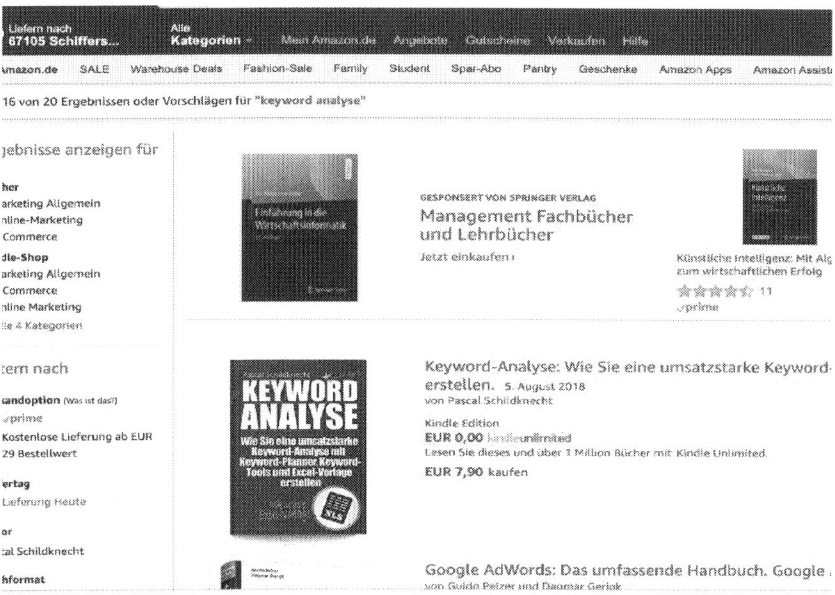

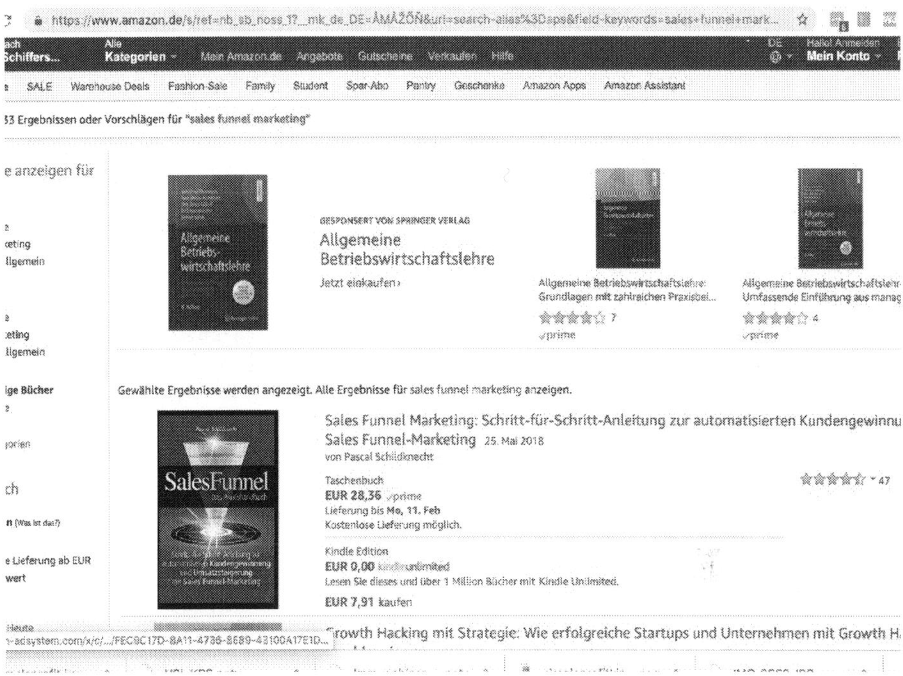

Millionen von Besucher vertrauen dem Online Giganten Amazon und sind bereit, dort für ihre Bildung und den Aufbau ihres Wissen Geld zu investieren.

Amazon genießt gerade im deutschsprachigen Raum einen enorm hohen Stellenwert und die Interessenten können eine starke Beziehung zu uns aufbauen.

Veröffentlichst du einmal ein Amazon Kindle, hast du viele weitere virale Quellen, die dir kaufkräftige Besucher bringen:

1) E-Mail Marketing durch Amazon Besucht ein Interessent die Amazon Seite und kauft das Buch nicht, schickt Amazon eine E-Mail mit der Erinnerung, dass er doch das Produkt in Anspruch nehmen könnte.

2) Amazon verfolgt den User im gesamten Web mit Retargeting, um ihn zum Kauf zu animieren.

3) Hinter Amazon stecken mehr als 500.000 Partner, die informiert werden, dass dein Produkt (Kindle) auf den Marktplatz zu finden ist. Also eine Armee, die für dich Werbung macht.

4) Amazon verbreitet dein Kindle in Portalen sowie in Suchnetzwerken wie Bing, Yahoo und Co.

5) Amazon schaltet für dein Kindle kostenfrei Google Adwords Werbung, denn sie möchten natürlich damit Geld verdienen und weitere Produkte verkaufen.

6) Mit dem Kindle baust du eine extrem starke Beziehung zu deinen Kunden auf, weil sie ein ganzes Werk von dir gelesen haben.

7) Du hast die Chance deine Bekanntheit und dein Ansehen mittels eines Bestsellers zu erhöhen.

8) Du kannst kostenfrei Leads sammeln über eine Handlungsaufforderung in deinem Kindle z.B. mittels Checklisten Download, Begleitkurs, Audiodatei, Facebook Gruppe, Beratungsgespräch usw.

9) Der Verdienst kommt direkt und es gibt kein langes Warten.

10) Eine stärkere Zielgruppe als Facebook mit 44 Millionen aktiven Usern.

Wenn du allerdings einfach nur so dein Kindle bei Amazon veröffentlichst, wird nicht viel passieren. Es erfordert eine Strategie, die deinen Erfolg bei der Neukundengewinnung mit Amazon quasi garantiert.

Wir selbst haben mehrere Kindles im Einsatz, welche uns nicht nur attraktive Verdienste bringen, sondern auch dafür sorgen, dass wir mehr als 3000 Leads pro Monat sammeln. Dazu kommt, dass wir aus mit unseren Amazon Kindles Verdienst von Amazon generieren und Affiliate Provisionen verdienen.

Diese Strategie haben wir erstmalig vor wenigen Monaten veröffentlicht. Bereits heute nutzen über 800 begeisterte Anwender unsere Strategie und erzielen Spitzenergebnisse.

Bevor wir jetzt allerdings zu sehr ins Schwärmen kommen, möchten wir dir die Möglichkeit bieten, zu erfahren, welche Schritte für den Erfolg nötig sind.

Dein Amazon Kindle Projekt, steht und fällt mit ....

Kapitel 1: Mein Kindle Thema

Du hast mit Sicherheit schon deine Nische identifizieren können und kennst dein Thema, doch welches Kindle soll ich dazu schreiben. Wie soll ich das so formulieren, dass die Leute es gerne kaufen und Lesen.
Es fragen nämlich immer wieder Leute, über was sie denn schreiben können. Sie wollen ein Buch schreiben, weil sie verstanden haben, was das für enorme Vorteile für sie und ihr Business bringt. Doch dann kommen schnell Zweifel auf, weil sie nicht wissen, wie man schreibt oder über was überhaupt.

Es gibt diese Menschen, die ihre Leidenschaft haben und darüber ein Buch schreiben können. Viele haben das aber nicht. Trotzdem sind sie interessiert an gewissen Themen und haben auch Ahnung von dem Gebiet. Manchmal ist es nur schwierig, einen Anhaltspunkt zu finden.

41 Beispiele inklusive Headlines zum Kopieren

1. So bekommst du, was du willst – Magische Gesetze der Kommunikation
2. Unternehmens Controlling – Profi Excel Funktionen, die das Leben eines Controllers leichter machen – inklusive Mastervorlage zum downloaden
3. Die Geheimnisse der TOP Manager – 13 Schritte, die jeder Manager kennen muss
4. E-Mail Marketing, um mehr Umsatz zu machen und Neukunden automatisiert zu gewinnen

5. In Zeiten der Digitalisierung kommt niemand um Online Marketing herum – Chancen und Gefahren einer Branche
6. Das Geheimnis der Personalbeschaffung – HR im 21. Jahrhundert – Insider eines Experten mit 25 Jahren Erfahrung in der Personalbeschaffung
7. Geldanlage einfach gemacht – So investierst du mit 8% Rendite trotz Niedrigzinsphasen
8. So schützt du deine Datenbank vor Hacker Angriffen
9. Diese 7 Tricks machen deinen Windows PC schneller
10. Das sagt dir dein Horoskop über deine Chancen und Potentiale
11. Gesund backen – diese Grundlagen musst du kennen, um gesund backen zu können
12. Best of Dessert – Zusammenstellung für Weihnachtsfeste, Osteressen, Geburtstage und Jubiläum
13. 19 fruchtige Sommergetränke, die erfrischen bei heissen Temperaturen
14. Weinprofi in nur 14 Minuten – Das Wichtigste, was du über Weingenuss wissen musst
15. Kochen mit nur 3 Zutaten – die 13 einfachsten Gerichte in unter 5 Minuten
16. 22 Regeln für junge Eltern, die die Erziehung einfacher machen
17. Diese Nährstoffe und Vitamine braucht dein Körper, um die volle Vitalität zu entfalten
18. So führst du ein Leben ohne Stress und bist in jeder Situation der Bestimmer deiner Gelassenheit
19. Selbstvertrauen aufbauen – 6 Schritte, die dir zu einem nachhaltigen Selbstvertrauen helfen

20. Geheimnisse für eine glückliche Beziehung – So meistert ihr jede Herausforderung in der Partnerschaft, inklusive Partnerübungen.
21. Umgang mit Trauma und Schicksalschlägen – Anleitung um wieder Kraft und Fülle im Leben zu verspüren
22. Meine Safari Erfahrung – Checkliste wie du eine atemberaubende Safari in Tanzania erlebst
23. Die 17 besten Campingplätze, die ich in meinem Leben gesehen habe
24. Mein persönlicher Reiseführer für Land XY – Hotels, Restaurants, Besonderheiten, Erlebnisse, etc. – Alles auf einen Blick
25. Die schönsten Wanderziele der Welt – Inklusive Rucksack Packliste
26. Die 32 schönsten Radtouren in Deutschland – Inklusive Werkstätte bei Radpannen
27. 13 Fitness Übungen für ein Workout in unter 20 Minuten
28. 12 Bodybuilding Geheimnisse, um schneller und besser in Form zu kommen
29. 11 Geheimnisse, wie du dich auf einen Marathon vorbereitest – So meisterst du den Marathon in 14 Wochen
30. Die besten E-Bike Routen in Deutschland – Inklusive Checkliste was du beim Kauf eines E-Bike beachten musst.
31. Der Schlüssel im Umgang mit Pferden – Diese 7 Pflegetipps wird dein Pferd lieben
32. Diese 13 Figuren muss jeder kennen, um auf der nächsten Hochzeit tänzerisch zu glänzen

33. 14 Yoga Übungen gegen Rücken- und Nackenschmerzen – Endlich wieder beweglich und im Genuss der besten Bewegungsfunktionen
34. Alles was du übers Surfen wissen musst – Von Sicherheitsgrundlagen über Ausrüstung bis hin zum Wellenlesen
35. Die besten Skigebiete der Welt – Diese Vorbereitung für dein Ski Trip musst du mindesten eine Woche zuvor machen
36. In nur 6 Wochen eine neue Sprache lernen – Vokabeln direkt behalten und anwenden
37. Nachhilfe für Grundschüler – Das muss dein Kind in der Grundschule wissen und so kannst du von Zuhause aus die wichtigsten Fähigkeiten verbessern
38. So lernt dein Kind mit Spaß eine Fremdsprache – Kindgerechtes Lernen für mehr Erfolg mit einer Fremdsprache
39. Die besten Foto Hacks für Hobbyfotografen – 12 Regeln – So knipst du Bilder wie ein Profi
40. 16 Photoshop Techniken, die so gut wie niemand kennt – Bildbearbeitung noch einfacher und schneller mit diesen Meistertechniken
41. Belichtungsregeln, die du als Fotograf kennen musst – So rückst du jedes Objekt und jeden Menschen in das richtige Licht

Siehst du die unendlichen Möglichkeiten, wenn's um Themen geht, über die du ein Buch schreiben könntest? Worauf wartest du? Auch DU hast ein Thema, über das du easy ein Buch schreiben kannst!

Insgesamt haben wir 121 Ideen inklusive Headline und Nischenanalyse für dich im Mentoring vorbereitet. Dort bekommst du noch viel mehr Inspiration und wir zeigen dir ganz genau, wie du im Nullkommanichts weitere Titel für dein Thema definierst, ohne dir tagelang den Kopf zerbrechen zu müssen.

Kapitel 2 - Wie kannst du Affiliate Marketing und dein Kindle verbinden?

In den vorhergehenden Kapiteln hast du erfahren, wie man es schafft, die richtigen Partnerprogramme zu finden und deine Nische haben wir ebenfalls soeben identifiziert. Mit dieser Nische werden wir jetzt arbeiten und diese beiden Komponente entsprechend verbinden. Du hast nun die Möglichkeit von diesem Wissen zu profitieren.

Ich werde dir diese Vorgehensweise anhand einer eigenen Case Study zeigen, die ich getestet habe. Mit dieser Vorgehensweise konnte ich es schaffen, in nicht einmal 4 Wochen, über 6000 Euro Einnahmen mit Affiliate Marketing zu verdienen. Dazu habe ich keine Webseite benötigt und eine E-Mail Liste ebenso wenig.

Ich habe diese Vorgehensweise mit einem Produkt getestet, das ich immer wieder empfehle. Ein Produkt in der Nische "Geld verdienen im Internet" vom Affiliate König Ralf Schmitz. Der Videokurs kostet in dem Fall 97 Euro und ich bekomme für jede erfolgreiche Empfehlung 50% Affiliate Provision.

Ich habe ein Kindle zu der Geschichte von Ralf geschrieben. Darin geht es um seine 6 Schritten, mit denen er es schafft, mehr als 2 Millionen Umsatz pro Jahr zu erwirtschaften.

Im Vorfeld habe ich mir angeschaut in welcher Kategorie dieses Kindle passt und welche Keywords sich gut eignen. Ich habe mich gefragt, was die Leute für ein Problem haben und wie die ideale Lösung für sie aussehen könnte.

Das Ergebnis war, dass 30 Word-Seiten nicht ausreichend waren.

Das Kindle habe ich bei Amazon hochgeladen und entsprechend der hier beschriebenen Vorgehensweise und Struktur vermarktet und optimiert. Das Kindle ist ein E-Book uns in ein E-Book kann man auch Links einfügen. So habe ich das auch gemacht - ich habe den Link zu Ralf's Webinar eingefügt und angefangen, damit automatisiert Provisionen zu verdienen.
Du kannst an dieser Stelle jeden beliebigen Link einfügen, Amazon erlaubt ausdrücklich fremde Links in deinem Kindle.

Ralf hatte natürlich nichts gegen diese Vorgehensweise. (Die meisten Anbieter von Produkten haben nichts dagegen, dass du als Affiliate ein Kindle schreibst).

Hier die Ergebnisse 4 Wochen nach der Veröffentlichung von dem Kindle Projekt "Die 6 Schritte Sieger Strategie" und meinem Affiliate Link:

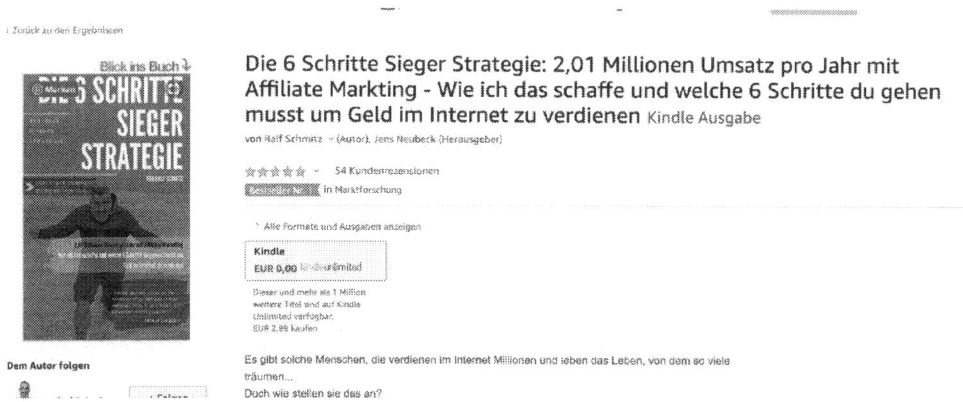

6.720 Euro Verdienst mit einem Kindle und einem Affiliate Link!

Hier die Ergebnisse nach 4 Wochen:

- In 3 Kategorien Bestseller
- 593 Kindle Sales
- 1.773,08 Euro Tantiemen
- 283 Leads, die sich im Webinar angemeldet haben
- 51 Sales eines 97 Euro Produkt
- Umsatz: 4.947 Euro (Davon 50% für uns und 50% für Ralf Schmitz)
- Ausgaben: 118 Euro Amazon Werbung (Lead Preis 0,41 Cent)

Dieses Thema ist nur ein Beispiel. Du kannst jedes andere erdenkliche Thema verwenden, einen Affiliate Link einfügen und damit Tantiemen/Provisionen verdienen.

In unserem Mentoring an Tag Nr. 2 zeige ich dir ganz genau, wie ich dieses Kindle erstellt habe.

Kapitel 3 - Die Keyword Analyse

Der Erfolg dieser Strategie steht und fällt mit einer guten Keyword Analyse, denn sonst wird das Kindle Book weder bei Amazon noch bei Google gefunden.

Es empfiehlt sich, zunächst einmal eine Brainstorming Liste der entsprechenden Keywords zu erstellen. Diese Liste ist im Handumdrehen erstellt, denn dazu braucht man nur die Brille des Kunden anziehen.

Wie würden Kunden nach dem bestimmten Thema suchen? Welche Begriffe würden diese in der Suchmaschine eingeben? Wie wäre das Suchverhalten der Kunden?

Bessere Ergebnisse bekommst du, indem du weg vom PC gehst und dir einen ruhigen Platz suchst, an dem du ohne Einfluss von Google in Ruhe brainstormen kannst.

Diese Aufgabe ist erledigt, wenn du ca. 30 Begriffe gefunden hast.

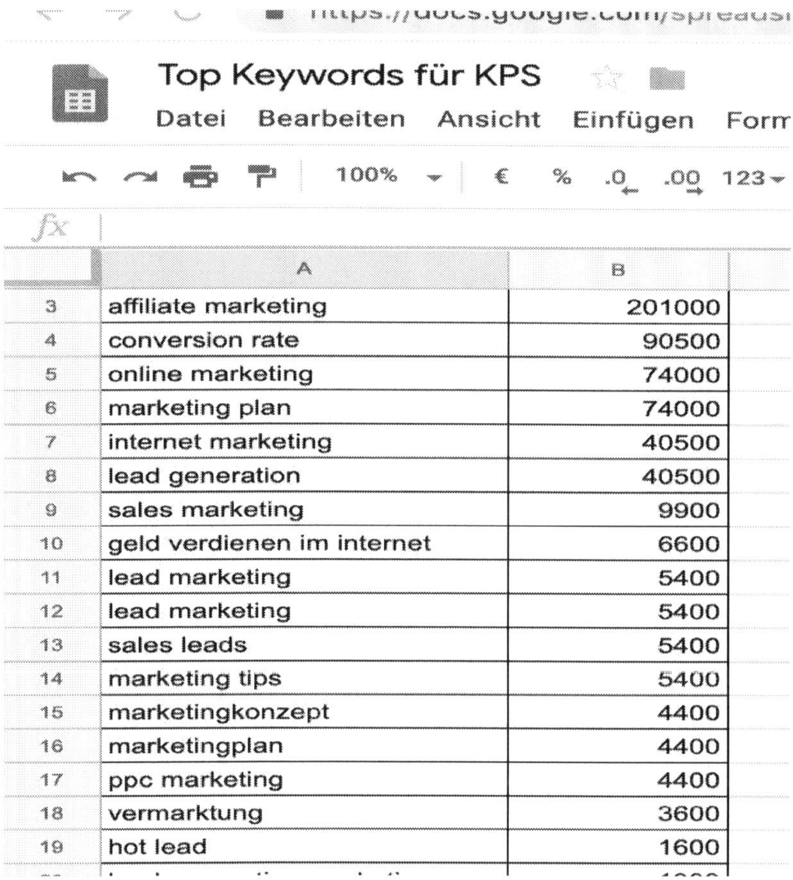

	A	B
3	affiliate marketing	201000
4	conversion rate	90500
5	online marketing	74000
6	marketing plan	74000
7	internet marketing	40500
8	lead generation	40500
9	sales marketing	9900
10	geld verdienen im internet	6600
11	lead marketing	5400
12	lead marketing	5400
13	sales leads	5400
14	marketing tips	5400
15	marketingkonzept	4400
16	marketingplan	4400
17	ppc marketing	4400
18	vermarktung	3600
19	hot lead	1600

Du kannst auch einmal deine Keyword bei Google eingeben und ein Leerzeichen dahinter einfügen. Du wirst merken, dass dir Google direkt weitere Vorschläge anzeigt. Somit hast du ziemlich schnell deine Liste zusammen.

Wähle die 10 besten Begriffe aus, die am idealsten zu deiner Zielgruppe passen. Füttere dann den Keyword Planer von Google mit diesen 10 Begriffen. Bitte nicht mehr verwenden, denn sonst wird das Ergebnis ziemlich verschwommen.

Anschließend solltest du diese Keywords mit dem Keyword Planer und anderen Tools abgleichen, damit du die höchste Relevanz findest und definieren kannst.

Die Keyword Analyse ist die meist unterschätzte Online Marketing Aktivität. Nimm dir dafür ausreichend Zeit, denn ansonsten ist deine Zeit fast schon verschwendet und du verbrennst Budget, was dir schlussendlich nur Frust, Ärger und Demotivation bringt.

Den meisten Menschen werden bei dem Google Keyword Planer nur von bis Zahlen angezeigt (z.B. 1000-10.000 Ergebnisse). Dies bringt dir wenig, denn ohne genaue Zahlen kannst du dein Potential und deine Marktchance nicht wirklich abschätzen.

Für genaue Zahlen stellen wir dir in unserem 10 Tage Mentoring es einen kostenlosen Service vor, in dem wir deine Keyword Analyse für dich übernehmen. Wir brauchen dazu nur die oben angegebenen 10 Wörter und schicken dir dein Excelvorlage zurück.

Zusätzlich kannst du dir unser Bestseller Kindle "Keyword Analyse" unter diesem Link erwerben: https://salesangels.org/keyword-analyse-kindle

In diesem Kindle bekommst du die 500.000 € Mastervorlage für Profi Keyword Analysen. Denn genau mit dieser Vorlagen haben wir Werbebudget für ca. 500.000 Euro verwalten dürfen.

Idealerweise passt deine Kategorie zu deinem Keyword. Noch besser wäre, wenn die Kategorie dein Keyword ist. z.B. Affiliate Marketing, Hundetraining, Gesundes Essen, Fitness, Ernährung, Telefonmarketing. Somit hast du die höchste Chance, dass dein Kindle zu einem durchschlagenden Bestseller wird.

Bitte verwende für dein Kindle niemals einen eigenen Namen, in dem kein Keyword enthalten ist. Denn dann bräuchtest du unglaublich viel Werbeaufwand, um dieses Kindle in deiner gewünschten Kategorie zum Bestseller zu machen.

Meistens schaffen es nur große Verlage oder Unternehmen mit gigantischen Maillisten, ein Buch erfolgreich zu publizieren mit dieser Vorgehensweise. Da ich davon ausgehe, dass du das zum jetzigen Zeitpunkt noch nicht von dir behaupten kannst, mache es so, dass die Kategorie zu dem Keyword passt oder sogar das Gleiche ist.

Kapitel 4 - Die Keywords mit Emotionen aufladen

Wenn ein Kunde ein Keyword eingibt, hat das nur wenige gute Gründe. Nebst dem surfen und informieren gibt es 4 Gründe, warum er etwas sucht.

1) Er gibt das Keyword ein, weil er ein konkretes Problem hat, das er lösen möchte
2) Er gibt das Keyword ein, weil er eine Frustration erleidet
3) Er gibt das Keyword ein, weil er ein Ziel verfolgt
4) Er gibt das Keyword ein, weil er eine Freude erlangen möchte

In allen 4 Fällen besteht ein gewisses Kaufinteresse des Kunden.

Menschen entscheiden sich aufgrund von Emotionen für dein Produkt. Vor einigen Jahren war es passend, wenn man dem Kunden eine Bohrmaschine verkauft hat mit vielen Features. "Verkaufe immer das Loch in der Wand.", war die Devise bis vor einigen Jahren. Doch meiner Meinung nach kaufen die Menschen die Bohrmaschine aus folgendem Grund: Frau kommt nach Hause und stellt fest, dass das Bild an der Wand hängt. "Danke Schatz, dass du das Bild aufgehängt hast. Schön, dass ich mich auf dich verlassen kann und einen Mann Zuhause habe.", wird ihre Reaktion auf das Bild sein.

Du verstehst, was ich damit meine, oder? Du verkaufst die Emotion und das Gefühl und genauso ist es auch im Internet. Es geht nur um die Emotionen.

So verhält es sich auch im Affiliate Marketing. Wenn du verstehst, dass der Kunde ein Keyword eingibt, um ein emotionales Ziel zu erreichen, dann kannst du wahre Wunder bewirken.

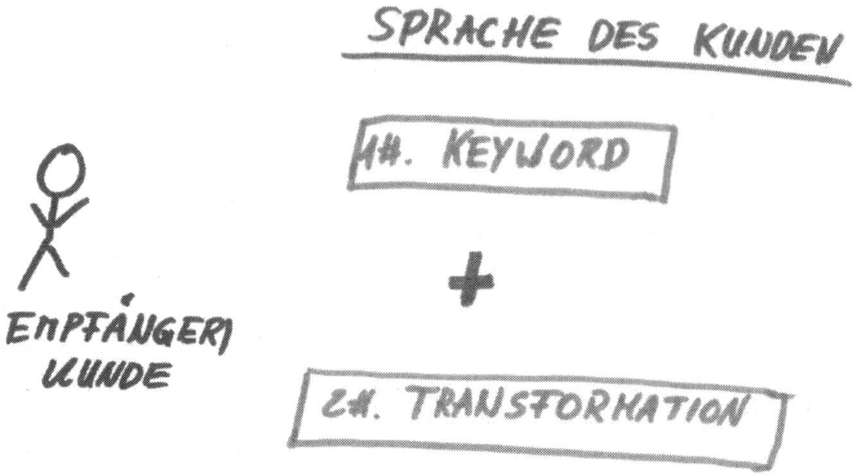

Führe folgende 4 Übungen aus:

Wenn mein Kunde dieses Keyword eingibt, welches Problem hat er? (Das Problem kannst du ideal für die Kommunikation mit deinem Kunden verwenden. "Kennst auch du folgendes Problem?", "Kommt dir diese Situation nicht auch bekannt vor?", etc.

+
+
+

Wenn dein Kunde dieses Problem nicht gelöst bekommt, welche Frustration entsteht bei ihm?

+
+
+

Wenn mein Kunde dieses Keyword eingibt, welches Ziel hat mein Kunde?
Auch das ist ideal zu verwenden in der Kommunikation mit deinem Kunden. Willst auch du gerne Ziel / Ergebnis erreichen?

+
+
+

Wenn mein Kunde dieses Ziel erreicht, welche Freude entsteht bei ihm?

+
+
+

Glaube mir, diese Übung ist zwar einfach, doch unglaublich mächtig. Für alles, was du zukünftig im Affiliate Marketing vor hast, wirst du diese Übung brauchen. Jedes Video, jeder Text und jede Strategie lässt sich mit deinen Notizen zukünftig kinderleicht umsetzen.

Diesen Prozess nennen wir Transformationsprozess. Der Kunde hat eine Ausgangssituation und möchte gerne sein Ziel erreichen.

Auf dem Weg zeigst du Lösungen, die deinem Kunden das Leben einfacher, besser und erfolgreicher machen.

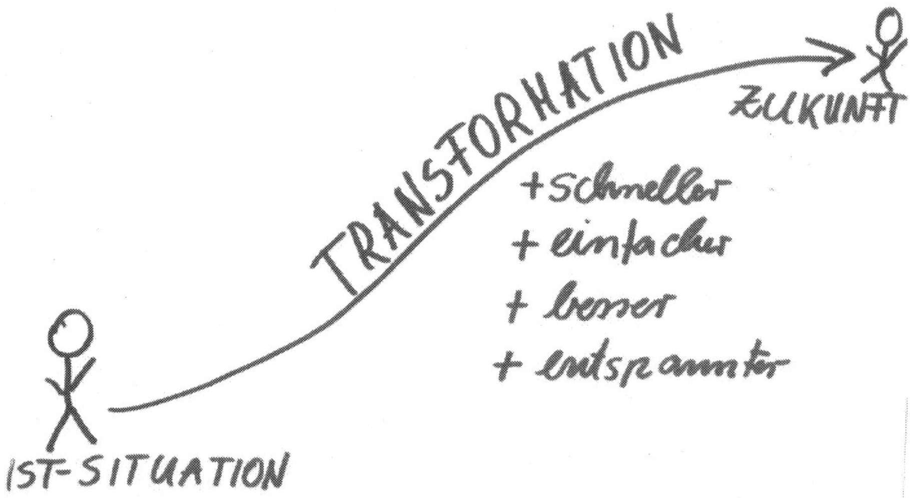

Nimm' den Interessenten mit auf eine emotionale Reise und zeige durch die richtige Kommunikation, welche Lösung und Möglichkeit du für ihn bereit hast.

Nun nimmst du das Instrument im Marketing, das immer funktioniert und garantiert Emotionen auslöst. Wir alle kennen und lieben es: STORIES! Geschichten stellen die einfachste Form dar, um Bilder, Gefühle und Emotionen bei deinem Kunden auszulösen.

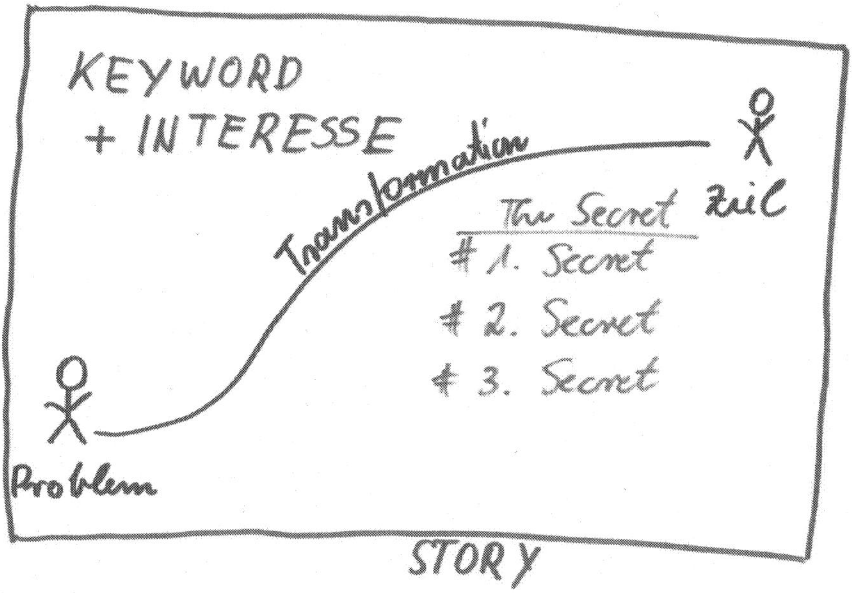

Die Story ist der Rahmen um deinen Transformationsprozess und die Lösung kannst du einfach in die magischen Geheimnisse darin verpacken. Damit das Ganze klarer wird, zeige ich dir hier ein konkretes Beispiel:

Meine Keywords: Hundetraining, Hund zieht an der Leine, Hund bellt

Wenn mein Kunde eins oder mehrere der Keywords eingibt, welches Problem hat er dann? Das Problem kannst du ideal für die Kommunikation mit deinem Kunden verwenden.

+ Wie soll ich mit meinem Hund umgehen, damit ich ihn richtig erziehen kann?
+ Mein Hund macht was er will, mein Spaß geht verloren.
+ Ich weiß nicht, wie ich meinen Hund erziehen soll.
+ Ich kann meinen Hund nicht mal Zuhause lassen, ohne dass er alles verwüstet.

Wenn dein Kunde dieses Problem nicht gelöst bekommt, welche Frustration entsteht bei bei ihm?

+ Mein Nachbar und Bekannte beschweren sich über meinen Hund.
+ Die Freude geht verloren, denn es ist täglich ein Kampf.

Wenn dein Kunde dieses Keyword eingibt, welches Ziel hat er?

+ Ich will meinen Hund richtig erziehen, sodass ich ihn mitnehmen kann.
+ Ich möchte Spaß mit meinem Hund haben und einen gut erzogenen Hund, der auf mich hört.
+ Ich bin in jeder Situation Herr der Lage und weiß, wie ich mit dem Verhalten meines Lieblings umgehen soll.

Wenn dein Kunde dieses Ziel erreicht, welche Freude entsteht bei ihm?

+ Ich höre von anderen, wie gut mein Hund erzogen ist.
+ Ich habe keine Angst, ihn Zuhause zu lassen, da ich weiß, dass er sich auf seine Decke legt und wartet, bis ich zurück bin.

Die Story dahinter, die deinem Kunden das Gefühl gibt, verstanden zu werden und ihm zeigt, dass er nicht alleine ist und es Lösungen für sein Problem gibt:

Kennst du diese Situation auch? Dein Hund bellt jeden an, zieht an der Leine und du kannst ihn nicht einmal Zuhause lassen, ohne Angst haben zu müssen, dass er alles kaputt macht.

Ich selbst kenne diese Situation nur zu gut! Rox, mein Labrador, stellte mich früher fast täglich vor Herausforderungen, welche mich ziemlich an's Ende meiner Geduld brachten. Selbst wenn nur mal der Briefträger an der Tür geklingelt hat, ist Rox ausgerastet.

Von diesem Moment an wusste ich, dass es so nicht weitergehen kann. Zugegeben war es mir des öfteren unangenehm, ihn überhaupt mit zu einem Familienfest zu nehmen.

Hast du es auch schon einmal erlebt, dass dein Hund nicht alleine Zuhause bleiben kann, an der Leine zieht, nur am bellen ist, so gut wie gar nicht hört und macht was er will?

Die Lösung, die ich kürzlich kennengelernt habe, ist einfacher, als du denkst. Es funktioniert sogar so einfach, dass es schwerer ist, den Hund NICHT zu erziehen. Unglaublich!

Auf einmal zog Rox weder an der Leine, noch bellte er andere an - auch nicht den Briefträger nicht. Er macht es nur noch hin und wieder bei Versicherungsvertretern, was aber total ok ist :-)

Genau so habe ich mir das Zusammenleben mit meinem Hund immer vorgestellt.

Wenn auch du gerne wieder Spaß mit deinem Hund haben willst, dann darfst du dir das nicht entgehen lassen! In meinem brandneuen Kindle zeige ich dir mittels einer Schritt für Schritt Anleitung, wie du Herr jeder Situation wirst und mit deinem Hund ein schönes Zusammenleben erschaffst.

Seit ich die gelernte Technik einsetze, wurde ich sogar gefragt, ob ich mir nicht vorstellen kann, auf dem Hundeplatz Tricks vor zu zeigen.

Nun, ich habe keinen Hund und kenne mich zugegeben auch nicht so gut mit Hunden aus. Doch du merkst bestimmt, was hier passiert. Als Hundeliebhaber verurteile mich nicht, falls inhaltlich der ein oder andere Punkt nicht richtig dargestellt wurde.

Mit der Hundestory eben ging es mir nur um ein Beispiel, das dir aufzeigt, wie du dein Keyword mit Emotionen auflädst und eine Story damit erzählen kannst.

Genau das machst du am besten jetzt auch für dein Thema. Einmal gemacht, kannst du immer wieder darauf zugreifen und hast quasi deine Beschreibung auf Amazon und das erste Kapitel bereits fertig gestellt.

Kapitel 5 - Titel, Untertitel, Inhaltsverzeichnis deines Kindle

Nach der Begleitung von über 350 Kindle Veröffentlichungen macht es Sinn, sich direkt einen roten Faden anhand der Keywords zurecht zu legen.

Titel: Keyword Nr. 1
Untertitel: Keyword Nr. 2

Inhaltsverzeichnis: Kapitel 1 Keyword Nr. 3
Inhaltsverzeichnis: Kapitel 2 Keyword Nr. 4
Inhaltsverzeichnis: Kapitel 3 Keyword Nr. 5
Inhaltsverzeichnis: Kapitel 4 Keyword Nr. 6
Inhaltsverzeichnis: Kapitel 5 Keyword Nr. 7

Schau, dass dein Keyword mindestens in deinem Titel, Untertitel und dem Cover vorkommt. Schaue dir zuvor auch einmal die Kategorien bei Amazon an, denn es könnte passieren, dass die Kategorie ein Keyword ist (Telefon Marketing, Affiliate Marketing, Kochen, gesunde Ernährung, etc.)

Bevor du mit dem Schreiben beginnst, mache dir eine klare Struktur für dein Kindle. Schreibe zu jedem Punkt im Inhaltsverzeichnis 3-4 Sätze, damit du weißt, was du transportieren möchtest.

Ich fange niemals an zu schreiben, wenn ich mir nicht zuvor eine Struktur gemacht habe. Im nächsten Kapitel werden wir uns einige Grundlagen des Inhaltes anschauen und ich zeige dir verschiedene Möglichkeiten, wie du an hochwertigen Content kommst und wie dein Kindle aufgebaut sein muss.

Gerade für Titel und Untertitel sowie das Inhaltsverzeichnis empfehlen wir diese Vorlagensammlung von Mario. Mario ist der einflussreichste Werbetexter im deutschsprachigen Raum und hat mit seiner Swipefile Kollektion 2.974 Vorlagen zusammen getragen. Mehr zur Vorlagensammlung von Mario erfährst du hier:

https://salesangels.org/swipefile

Kapitel 6 - Die Produktion deines Kindle und Inhalt

Grundlagen zur Erstellung deines Bonus

Das Kindle sollte ein spezifisches Problem für deine Interessenten lösen. Daher ist es schwer, pauschal zu sagen, wie viele Seiten dein Kindle haben sollte. Dennoch empfehlen wir 30-35 Seiten für den Anfang.

Viel wichtiger ist, dass wirklich das Hauptproblem zum Keyword gelöst wird. Der Kunde sollte beim Lesen eine Transformation durchleben, in welcher er von einer Ausgangssituation zu einem Ziel kommt.

Die Website answerthepublic.com kann dir wertvolle Informationen zu deinen Interessenten verschaffen. Dort gibst du ein Keyword an und bekommst die häufigsten Fragen zu genau diesem Keyword.

Aus diesen W - Fragen kannst du Titel, Subtitel und Inhalte erstellen.

Für die Schreibfaulen unter uns: Wir als Legastheniker gehören mit Sicherheit zu den Schreibfaulen und verstehen das komplett. Deshalb möchten wir dir an dieser Stelle einen mächtigen Tipp mitgeben: Lege dir dein Thema zurecht und spreche es ein. Beauftrage dann einen Freelancer oder ein Schreibbüro für das Transkript.

Achte darauf, dass dein Inhalt hochwertig ist und dass du mindestens 20-25 Seiten veröffentlichst. Ansonsten könnte es passieren, dass sich die Kunden von Amazon mit negativen Rezensionen beschweren und das ist ziemlich kontraproduktiv.

Hier noch weitere Gedanken zur Erstellung deines Inhaltes und dem Aufbei eines Kindle

Hier noch ein paar Ideen wie du an mehr Content kommst.

Nutze die Google Suchmaschine für weitere Ideen, auch die Google News können wertvolle Informationen geben.

W-Fragen Tool answerthepublic

Mache eine Analyse bei https://answerthepublic.com/. Dieses Portal zeigt dir, welche Fragen die Leute zu deinen Hauptkeywords stellen.

Gute-Frage-Analyse

Gib dein Thema einmal bei Gute Frage ein: https://www.gutefrage.net/. Dort kannst du von den Fragen und Antworten der Community profitieren.

Amazon Analyse

Mache eine Analyse bei ähnlichen Büchern auf Amazon (Inhalt & Bewertungen). Schaue dir gerade negative Bewertungen an. Was schreiben andere Teilnehmer über die Bücher? Welche Fragen kannst du mit einfließen lassen und in deinem Kindle aufgreifen?

Kunden Umfragen

Falls du bereits Kunden hast, erstelle eine Umfrage mit ihrem Problem, Ziel oder was ihnen fehlt und packe es in dein Kindle.

Ein Experten Interview

Nutze ein Experten Interview um dein Kindle wertiger zu machen. Möchtest du z.B. uns als Interviewpartner in deinem Kindle, schreibe uns gerne eine Email an info@salesangels.org

Damit du einen roten Faden zur Erstellung des Kindle hast, habe ich dir eine Infografik erstellt, welche du dir auf folgender Seite herunter laden kannst:

https://salesangels.org/infografik-kindle

Diese Infografik zeigt dir, welche Kapitel auf gar keinen Fall in deinem Kindle fehlen dürfen.

Als Geheimtipp zum Inhalt präsentieren wir dir auf den nächsten Seiten eine ziemlich coole Methode, wie du es schaffen kannst, dass Experten deinen Content schreiben.

Die Expertenbuch Strategie, um dir Inhalt erstellen zu lassen

Falls du noch immer nicht weißt, wie sich dein Inhalt zusammensetzen kann, haben wir eine großartige Vorgehensweise. Lass dir doch einfach deinen Inhalt von Experten schreiben.

Auf den nächsten Seiten möchte ich dir unsere Expertenbuch Strategie präsentieren und aufzeigen, wie du nicht einmal ein Kindle schreiben musst.

Die Vorbereitung für die Expertenbuch Strategie

Suche dir ein Produkt/einen Bereich, in welchem du dich persönlich und beruflich entwickeln möchtest. Woran hast du besonders Spaß? Was hat dich geprägt? Gibt es eine Geschichte, aus der du eine Story bauen kannst?

Beispiele:
- Entspannung und Meditation
- Sport und Freizeit
- Online Marketing
- Geld verdienen und anlegen
- Spaß und Hobby
- Essen und Trinken
- Lifestyle

Nun hast du das Thema ausgewählt und bist dir im Klaren darüber, zu welchem Thema du einen Kongress oder ein Expertenbuch entwickeln möchtest.

Dann brauchst du eine Zielgruppe: Lese im Kapitel 4. Keywords mit Emotionen aufladen (Die Transformation).

Anschließend ist es wichtig, dass du dir eine Art Inhaltsverzeichnis erstellst: Wie könnte es dein Kunde schaffen, Problem X zu lösen und Ziel Y zu erreichen? Notiere dir alle Punkte, die notwendig sind und konzipiere eine Checkliste (Leute lieben Checklisten und klare Strukturen und auch für dich wird es dadurch wesentlich einfacher, die entsprechenden Experten zu finden).

Die Experten

Suche dir die 15-20 besten Personen in diesem Bereich, folge diesen, versuche dich mit ihnen zu vernetzen, informiere dich über Ihre Geschichte und lerne die Menschen kennen ohne dass sie wissen wer du bist. Informiere dich in Facebook, auf YouTube, Wikipedia, in Gruppen etc.

Wichtig: Nehme zunächst die besten Leute! Denn einer davon hat einen unglaublichen Duplikationseffekt. Falls die besten ablehnen, kannst du noch immer die gestandenen und guten nehmen. Suche dir A-Experten und gehe dann mit der Qualität etwas runter, falls diese kein Interesse haben.

Anfänglich kann es sein, dass es eine gewisse Fleißarbeit ist, schreibe ruhig einige Leute an. Lasse dich nicht bei einem NEIN entmutigen, bleibe dran. Es wird sich definitiv lohnen und du wirst den Preis für deine Arbeit 1000fach zurückbekommen.

Das Anschreiben der Experten

Suche die Mailadressen raus und schreibe die Experten an.

Achtung: Immer eine persönliche Note einführen und die Namen überprüfen (siehe rote Markierung) -- -- Betreff: Einladung – Werde Teil unseres Experten E-Books @

Hallo Herr [Persönliche Ansprache],

wir möchten Sie herzlich einladen, Teil unseres neuen und kostenlosen Experten E-Books zum Thema Erfolg in Social Media und Facebook zu werden. Das Ganze ist mit sehr wenig Aufwand verbunden: Sie brauchen lediglich 10 Minuten Zeit und können dadurch zehntausende neuer Interessenten erreichen und zu ihrer Verteilerliste (und einen Teil davon sicher als zahlende Kunden) gewinnen!

Unsere Idee:

Wir möchten 15 bis 20 Experten nach deren besten Online Marketing-Strategie(n) befragen. Neben Ihnen haben wir u.a. folgende Experten eingeladen:
[Experten einfügen aus Phase 3, darauf achten, dass der angesprochene Experte nicht darin auftaucht]

Ihr Vorteil:

Wenn das E-Book fertig ist, wird es selbstverständlich kostenlos an alle teilnehmenden Experten ausgegeben. Ihr dargestelltes Interview wird einen Link auf Ihre Webseite enthalten, um Interessenten zu motivieren sich in Ihren Newsletter einzutragen oder ein Angebot von Ihnen wahrzunehmen. Wir haben bereits eine Anzahl von Personen mit großen E-Mail-Listen, die bereit sind, dieses Projekt zu fördern und zu unterstützen.

Wir werden sicherstellen, dass alle teilnehmenden Experten so viel Publicity und potentielle Neukunden wie möglich erhalten.

Selbstverständlich werden wir einen Link zu Ihrer Webseite sowie eine Kurzbeschreibung zu Ihrer Person unter dem Interview einfügen. Zudem haben Sie die Möglichkeit Ihr neuestes Projekt kurz vorzustellen „Elevator Pitch“.

[Beispiel]

[Unbedingt über den Experten informieren und seinen Elevator Pitch/ sein Slogan/ seine Präsentation der Homepage einfügen]

Was müssen Sie tun um Teil unseres E-Books zu werden?

(1) Wir brauchen lediglich ein 10-minütiges Interview mit Ihnen. Die Thematik dreht sich eigentlich um folgende Frage: „Was sind Ihre drei bevorzugten und gut funktionierenden Marketing Strategien / Techniken im Social Media (vor allem Facebook) für Sie persönlich und Ihre Klienten?“ Das Interview kann als Podcast, Video oder in Textform sein.

(2) Nach der Fertigstellung unseres E-Books würden wir Sie bitten, eine Ankündigungsmail an Ihren Verteiler zu senden. Selbstverständlich können Sie eine Vorlage von uns nutzen, damit Ihr Aufwand so gering wie möglich ist.

Wir würden Sie sehr gerne als Experte für unser neues E-Book gewinnen! Können wir mit Ihnen rechnen?

Sollten Ihnen weitere Experten einfallen, die bei einer solchen Veröffentlichung auf keinen Fall fehlen dürfen, können Sie uns diese Personen gerne weiterempfehlen.

Wir freuen uns über Ihre positive Rückmeldung bis zum [Datum]! Bei Fragen stehen wir Ihnen gerne zur Verfügung.

Beste Grüße,
Jens Neubeck

PS: Näheres über uns erfahren Sie auf unserer Fan Page: Hier klicken! -- --

Diese Vorlage kannst du auch für einen Kongress verwenden, lediglich auf den Kongress statt auf das Expertenbuch Bezug nehmen, auch hier eine Vorlage:

--- ---------------- --------------- Hallo [...],

Das Expertenbuch steht unter dem Motto #lernevondenbesten. Es soll
die verschiedenen Bereiche im Online Marketing beleuchten (Affiliate Marketing, Social Media, Verkaufen usw.) damit die Menschen einen Überblick bekommen was alles möglich ist.

Beispiel:
Dirk Kreuter spricht über das Thema "Verkaufen", Ralf über das Thema "Affiliate Marketing" und Calvin über das Thema "Social Media".

Einfach gesagt, ausgewählte Top-Leute stellen ein paar Tipps, Tricks und Strategien
zur Verfügung. Am Ende dann mit der entsprechenden Eigenwerbung, a la "so kannst du mehr von Calvin erfahren"... Auf die Interviews kann jeder kostenfrei zugreifen, wenn er uns seine E-Mail Adresse hinterlässt.

Nach Fertigstellung aller Interviews, empfiehlt jeder Experte das Expertenbuch in seiner Community. Somit sammeln wir z.B. 3000 E-Mail Adressen.

3000 Menschen sehen dann das Interview von dir. Unsere Aufgabe ist es, dann so viele Menschen wie möglich in deine Liste zu schicken. Das Ganze verstärken wir mit gezielter Werbung und Mails an alle Menschen. Nach dem Motto "hey hast du schon das Geschenk von Calvin heruntergeladen"

Dein Riesenvorteil ist: Kontakte von Ralf können dich kennen lernen und sich für dein Geschenk eintragen, dadurch baust du deine Liste weiter aus. Du gewinnst
also neue Kontakte aus 9 Netzwerken der Experten plus unser eigenes Netzwerk.

Was ist dafür nötig:
Du wählst dein Thema aus worüber ich dich interviewen darf (optimal rund um Online Marketing), wir führen ein Live Interview, Dauer ca. 30 Minuten (um die Wertigkeit für die Leute zu steigern).

Alles Weitere ist unsere Aufgabe und wir kümmern uns darum.

Fazit:
Du kannst mit einem kurzen Interview tausende von Menschen erreichen, wir schaffen Win- Win Situationen: Interessenten bekommen hochwertigen Mehrwert der Experten, wir erreichen mehr Menschen und lernen von den Besten, die Experten erreichen tausende neue Menschen mit ihrem Expertenwissen.

Für Rückfragen stehe ich dir jederzeit zur Verfügung, ich freue mich von dir zu hören.

Herzliche Grüße

Jens

Die ersten Zusagen der Experten

Sobald die ersten Experten zu sagen bist du auf dem richtigen Weg. Jetzt musst du ihnen rasch antworten und ihnen die Fragen zur Verfügung stellen. In 95% der Fälle beantworten die Experten diese Fragen am liebsten via Textform. Daher macht es Sinn, die Fragen in einem Dokument vorzubereiten.

Hier ein paar Beispiele für die Fragen:

Frage 1:
Was ist deine beste Strategie im [Thema]?
Anmerkung: Beschreibung, Hintergrund, Erfahrungen etc. Je mehr Details, desto besser [Symbol]. Das kann zum Beispiel ein Einblick in ein Projekt sein, mit welchem gute Ergebnisse realisiert wurden oder ein allgemeines Thema, welches dich persönlich erfolgreich gemacht hat wie z.B. Branding, Storytelling, Videoreihe, Blogbeitrag oder Strategie

Frage 2:
Was sollte man deiner Meinung nach unbedingt im [Thema] beachten?

Frage 3:
Welche Fehler gilt es im [Thema] zu vermeiden?
Fehlende Organisation, bzw. eine fehlende Struktur, die Prozesse, die Abläufe müssen einfach sein. Passwörter zentral gespeichert werden, mit dem kostenfreien Tool Last Pass.

Frage 4:

Welchen entscheidenden Erfolgstipp würdest du Neulingen im [Thema] mit auf den Weg geben?

Überlege dir die Fragen genau, denn du hast oftmals nur eine Chance bei den Experten, denn die Zeit von ihnen ist extrem kostbar und wertvoll. Sollte ein Experte keine Zeit haben um dir das Interview in Textform zu beantworten, biete einen Skype Call an, mache ein Google Hangout oder lege dir während des Telefonats einen Recorder bei Seite, damit du die genauen Wortlaute der Experten wiedergeben kannst, denn von diesen Leuten ist jeder Satz sehr wertvoll. Es ist ein Zeichen der Wertschätzung, dass du es genauso wiedergeben kannst wie es angesprochen wurde. (Ich habe mir zwei bekannten Größen dadurch kaputt gemacht, dass ich ihr Interview nicht eins zu eins wiedergeben konnte). Daher der Tipp mit der Aufnahme.

Hier die originalen Fragen, die wir für lernevondenbesten verwendet haben:

1. Vorstellungsrunde
2. Was sind deine größten Ziele? Was ist deine Mission / deine Aufgabe?
3. Was ist dein Geheimnis?
4. Warum ist das Thema XY so wichtig?
5. Hast du eine konkrete Strategie? Wie lauten deine besten 3-5 Tipps zum Thema XY?
6. Welche Fehler sollte ein Anfänger beim Thema XY vermeiden?
7. Was sind deine Werte, welche du vertrittst?
8. Was waren deine 2 größten Learnings in den letzten 12 Monaten?
9. Was hältst du eigentlich von unserem Expertenbuch? (Diese Frage ist Gold wert, denn damit hast du ein geniales Promomaterial für Werbeanzeigen und Social Media)
10. Stell dir vor, du würdest über Nacht alles verlieren, was du dir in den letzten 10 Jahren aufgebaut hast (außer deinem Wissen). Wie würdest du neu beginnen?

11. Wie können die Leute mehr von dir erfahren? Gibt es ein quasi Best of um das gelernte Wissen vertiefen zu können? (Unsere Erfahrung hat gezeigt, dass somit viel mehr Provisionen verdient werden, da die Leute erst einmal etwas geschenkt bekommen, hier wenden wir Kuckucks Marketing an und schicken jedem der Experten die gesamten Leute, somit werden wir auf den gesamten Funnel von den Experten an Funnels beteiligt, wir legen quasi die Eier in fremde Nester uns lassen sie von Profis ausbrüten) - Da haben wir die Affiliate Links wieder. Mit jedem Klick verdienst du Provisionen.

Die Vernetzung der Experten

Sobald eine Antwort des Experten kommt, immer für die Nachricht bedanken. Zeitnah reagieren, damit er nicht lange warten muss.

Experte schreibt: .... Ja bin dabei, wie geht es weiter. (klar die Kurzform, aber sinngemäß)

Antwortvorlage:
Danke für deine Nachricht. Ja ich interviewe gerade die Leute. Nach der Interviewphase melde ich mich wieder bei dir. Wer sollte deiner Meinung nach bei einem solchen Wissenswerk mit dabei sein?

Nach Empfehlungen fragen!

Experte antwortet immer, ja [Person 1] und [Person 2] sollten mit dabei sein.

Diese Empfehlung schreibst du dann auch wieder an:

Betreff: Wie mit [Experte] besprochen – Einladung zum Expertenbuch

Hallo [Person 1],
kürzlich habe ich mit [Experte] gesprochen. Wir bringen ein gemeinsames Projekt heraus. [Dein Thema] Expertenbuch. [Experte] meinte du solltest unbedingt mit dabei sein, da deine Inhalte sehr wertvoll sind.

Hier unsere Idee:

[Text der ersten Mail einfügen]

Nun bist du in den Kreisen drin und kannst dein Netzwerk ausbauen.

Wenn ein Experte die Fragen beantwortet hat, schreibe ihm immer zurück, dass du ihn auf dem Laufenden hältst. Dies solltest du auch immer machen um im Gedächtnis zu bleiben und in Erinnerung zu sein.
Rückschläge und NEIN

Du wirst erleben, dass nicht alle dabei sind. Du wirst das ein oder andere Nein zu hören bekommen, du wirst Zusagen erhalten und dann doch wieder Absagen, du wirst hören, dass es´ nicht interessant für mich ist´.
Bleibe am Ball, lass dich nicht unterkriegen und verfolge dein Ziel. Reise auf Seminare dieser Experten, versuche eine persönliche Beziehung aufzubauen. Glaube an dich und dein Ziel, manche Experten wirst du auch immer wieder anschreiben müssen.

Kris Stelljes habe ich 6-mal angeschrieben und es kam keine Antwort. Erst dann auf einem Seminar konnte ich mit ihm persönlich sprechen und er hat mir zugesichert es zu machen. Letztlich hat er mich wieder vergessen, weitere 4 Nachrichten blieben unbeantwortet. Bis ich ihn dann wieder auf einem Seminar gesehen habe, mit der Aussage "Hey Kris, ich bin Jens vom Expertenbuch, du erinnerst dich?" Auf einmal war ich wieder im Gespräch und habe die Nummer seiner Assistenz bekommen, diese hat mir dann ein Interview gegeben.

Immer höflich und freundlich bleiben, trotzdem an der Verwirklichung des Ziels arbeiten. Ein NEIN tut weh, jedoch kannst du mit dieser Methode viel gewinnen. Ein JA wirkt sich unglaublich gut auf die eigene Psyche aus, quasi Balsam für die Seele.

Upgrade der Interviews

Sobald du alle Interviews hast, geht es in die Produktion und den Launch! Ab jetzt starten wir mit der Monetarisierung. Bis jetzt kannst du schon über verschiedene Möglichkeiten Geld verdienen:

- Affiliate Links in deinem Kindle
- Tantiemen von Amazon

Bonus Verdienst:

- Erstelle von allen Interviews eine DVD, welche du als Best of verkaufen kannst.
- Die Interviews kannst du sogar als Bonus anbieten, gegen die E-Mail Adresse. Hier siehst du wie wir das in unserem Bonus Bereich von Lerne von den besten gelöst haben:
- Trenne Video und Audiospur und erstelle ein Hörbuch um direkt ein Upsell auf der Dankesseite nach Eintragung zu

präsentieren.

Kapitel 7- Der Call to Action (Affiliate Link)

Amazon gibt dir niemals die Daten von den Käufern und Kunden heraus. Aus genau diesem Grund musst du etwas kreativ werden, um die Kontaktdaten selbst zu sammeln.

Baue dein Kindle so auf, dass die Leute zwar wissen, was die Lösung ist, aber den Call to Action für das "Wie" brauchen.

Hier ein paar Beispiele, welche CTAs du verwenden kannst:

- Excel Vorlage zur Keyword Analyse
- Audio File zur Meditation
- Video Kurs
- Testmonat einer Software
- Gutschein Code für einen Webshop
- Kostenfreie Erstberatung (Strategiegespräch), 15 min direkt über einen Online Kalender
- Mitschnitt von Gesprächen
- Physische Helfer oder Shirts
- Gutscheincode für einen Online Workshop
- Bilder in einer besseren Auflösung
- Webseiten Check
- Erstberatung
- Webinar Anmeldungen
- Affiliate Produkte und Empfehlungen
- Online Gebrauchsanweisungen
- Ressourcenlisten
- Checklisten
- Bauanleitungen

Du siehst, es gibt unendlich viele Möglichkeiten, wie du die Kontaktdaten sammeln kannst. Du musst es nur immer nur tun. Machst du es nicht, geht dir einiges an Einnahmen verloren. Uns geht es mit dem Kindle nicht um die Verkäufe auf Amazon. Die Verkäufe sind ja nett. Unser Fokus jedoch liegt auf den Affiliate Sales und dem List Building, damit wir Kontakte haben, die wir immer wieder anschreiben können.

Wir wählen in diesem Falle einen CTA für das Webinar zur Amazon Kindle Strategie, in welchem exakt gezeigt wird, was bei einem Kindle zu beachten ist und wie du mehr als 3000 Downloads ohne Werbekosten erreichen kannst und trotzdem auf den stärksten Webseiten im Netz (Bing, Yahoo, Google, etc.) platziert wirst. Jetzt hier zum kostenlosen Online Training anmelden.

Mittlerweile gibt es sogar für unsere Partner dieses Training als Vorlage, mit welchem sie ihre eigenen Leads sammeln können. Allerdings stellen wir diese Vorlage nur mit vorhergehendem persönlichen Gespräch zur Verfügung.

Somit wirst du ein exklusiver Kooperationspartner der Sales Angels. Jetzt hier persönliches Gespräch vereinbaren und direkt kostenlos Termin buchen.

Mit der richtigen Strategie ist dein Amazon Kindle ein Lead- und Neukunden Lieferant. Zudem bekommst du eine Maschine mit Unendlichkeitstraffic.

Du weißt nicht, was das heißt?

Facebook Werbung kostet dich für ein bestimmtes Ergebnis Geld. Bezahlst du kein Geld mehr, bekommst du auch keine Ergebnisse mehr.

Bei Amazon ist es so, dass du dein Kindle einmal veröffentlichst und mit der richtigen Strategie immer und immer wieder Traffic generierst. Auch wenn du nichts mehr dafür machst.

Unser erstes Kindle wurde 2015 veröffentlicht. Noch heute erhalten wir in der Woche mehrere Coaching Anfragen und verdienen noch heute Provisionen und Tantiemen aus den Verkäufen.

Die Kindle Wunderwaffe, ein Call to Action. Inklusive 43 Beispielen

Der Call to Action ist eine Handlungsaufforderung. Baue dein Kindle so auf, dass sie Leute die Handlungsaufforderung in jedem Fall ausführen müssen.

Beispiel 1 mit einem Call to Action

Hier ein Beispiel: Wir haben ein Kindle zum Thema Keyword Analyse geschrieben. In dem Kindle beschreiben wir ganz genau, wie die Leute ihre passenden Keywords definieren.

Das gesamte Kindle dreht sich um eine Excel Vorlage und das Ziel ist es, dass die Leute damit die richtigen Keywords definieren. Fast 80% der Leute laden sich diese Excel Vorlage herunter. Somit bekommen wir die Kontaktdaten und können mittels E Mail Marketing die Interessenten immer wieder anschreiben oder alternativ passende Affiliate Produkte empfehlen.

Desweiteren haben wir einen direkten Kauflink zu einem digitalen Produkt, einer Workshop-Aufzeichnung, mit einem Gutschein Code versehen und verdienen weitere Provisionen. Außerdem empfehlen wir in dem Kindle das Keyword Tool von Swiss Made Marketing - SEO Cockpit, welches uns pro Verkauf ca. 200 Euro an Provisionen einbringt.

In dem Kindle steckt viel mehr, als nur die Verdienste durch die Tantiemen. Das ist an sich ja auch logisch, denn die Leute haben unser Kindle gelesen und eine enorme Beziehung zu uns aufgebaut. Daher vertrauen sie uns und führen die gewünschte Handlung aus, weil sie der Meinung sind, dass sie somit ihrer Lösung schneller näher kommen.

Auch der "Blick in's Buch" auf Amazon eignet sich sehr gut für die Platzierung eines CTA (Call to Action - Handlungsaufforderung).

Bild einfügen Blick ins Buch.

Beispiel 2 eines Call to Action

Anhand unseres zweiten Kindles möchte ich dir ein weiteres Beispiel geben. In unserem Affiliate Marketing Kindle dreht sich alles darum, wie du Affiliate Marketing von der Picke auf lernst.

bild Affiliate Kindle einfügen.

Wir fügen einen entsprechenden CTA in das Kindle ein und zeigen den Leuten mittels eines Online Trainings, wie sie ein eigenes Kindle schreiben können.

In diesem Falle verweisen wir auf ein Online Webinar, welches uns 100 von Anmeldungen für das kostenlose Online Training bringt.

Nachfolgend möchte ich dir weiter Möglichkeiten eines CTA vorstellen:

1. Online Termin Kalender
2. Webinar Anmeldung
3. Gutschein Code für ein Produkt
4. Grafiken und Bilder
5. Audio Dateien
6. Interviews mit Experten
7. Checklisten
8. Excel Vorlagen
9. Testmonat für z.B. Software
10. Probefahrt
11. Erstberatung
12. Persönlichkeitstest
13. Trainingsvideos
14. Affiliate Produkte
15. Physische Bücher
16. Haushaltsgeräte
17. Der Kühlschrank-Check - Welche Lebensmittel sind gut, welche weniger
18. Ernährungsberatungen
19. Anleitungen via Video
20. Webinare von Fremdanbieter besonders für Affiliate geeignet
21. Case Study und Fallstudien mit Opt-In Feld
22. Handbücher physisch
23. Arbeitsmaterial
24. Begrüßungsboxen
25. physische Versand Produkte (Handschuh für Tiere, Kaffeetasse)

26. Probepackungen Kaffee oder Tee
27. Muster und Beispiele
28. Poster und Plakate
29. Gutscheine für Waren
30. Probemonat für Zeitschriften
31. Digitale Kurse
32. Online Workshop
33. Eintrittskarte für Offline Events
34. Ressourcen und Kontaktliste (z.B. Großhandel Kontakte)
35. Webseiten und Links
36. Schnittmuster
37. Dateien Pakete
38. Powerpoint Vorlagen
39. Plugin und Webseiten Erweiterungen
40. Begrüßungspakete
41. Geschenke
42. Gewinnspiele
43. Social Media Kanäle oder Facebook Gruppen

Kapitel 8 Checkliste was bis jetzt erledigt sein sollte

Schritte zur Vorbereitung und Erstellung des Kindles

#1 Ich habe ein Thema gewählt, das mir wirklich Spaß macht Wenn du ein Buch schreibst, sollte der Inhalt echter Mehrwert für den Leser bieten. Dies geht nur, wenn du selbst viel Erfahrung und Spass hast beim Thema, oder dich für das Thema interessiert und es mit einem Experten erarbeitest.

#2 Ich habe das Thema analysiert mit einem Keyword Analyse Tool und kenne das Potenzial Dies ist ein sehr wichtiger Punkt. Du solltest unbedingt dein Thema mit einem Keyword Tool analysieren. So kannst du einerseits erkennen, welches Potenzial vorhanden ist und anderseits deinen Titel und Untertitel so optimieren, dass möglichst viele Verkäufe generiert werden. Alles über Keyword Tools findest auf der folgenden Seite: https://salesangels.org/keyword-analyse-keywordplanner/ Für unsere Kunden erstellen wir kostenlos eine Keyword Analyse.

#3 Ich habe die Prüfung Markenschutz durchgeführt Achte darauf dass Du keine geschützten Begriffe wie Google etc. im Titel hast. Nutze hierzu die VLB Seite oder das DPMA Register um die Begriffe auf Markenschutz zu prüfen. Schaue dir hierzu auch das Video im Schulungsbereich an.

#4 Ich habe ein relevantes Inhaltsverzeichnis erstellt Durch die Analyse Tools erhältst du wertvolle Informationen, nach welchen Begriffen zu deinem Thema gesucht werden. So hast du automatisch tolle Ideen für deine Buchinhalte. Zusätzlich gibt es dir die Sicherheit dass dieses Buch auch relevanten Inhalt besitzt

#5 Ich habe mindestens 20 Seiten Text geschrieben In den letzten 12 Monaten haben wir gesehen, dass Bücher ab 30-50 Seiten sehr gut platziert sind. Bei der Frage wie viel Text muss mein Buch haben, können wir dir keine konkrete Antwort geben. Es sollten jedoch mind. 20 A4 Seiten Text sein. So hast du mit zusätzlichen Bildern locker 30 Seiten.

#6 Ich habe folgende Inhalte zusätzlich integriert Folgende Abschnitte sollten in deinem Buch zu finden sein:

- Einleitung
- Ziel des Buches
- Impressum
- Copyright
- Über mich / Über den Autor
- CTA (Call to Action)

Copyright © 2019 - Vorlage zum kopieren: Name: Adresse: Web: E-Mail: Tel: Dieses Werk ist urheberrechtlich geschützt. Alle Rechte, auch die der Übersetzung, des Nachdrucks und der Vervielfältigung des Werkes oder Teilen daraus, sind vorbehalten. Kein Teil des Werkes darf ohne schriftliche Genehmigung des Verlags in irgendeiner Form (Fotokopie, Mikrofilm oder einem anderen Verfahren), auch nicht für Zwecke der Unterrichtsgestaltung, reproduziert oder unter Verwendung elektronischer Systeme verarbeitet, vervielfältigt oder verbreitet werden. Die Wiedergabe von Gebrauchsnamen, Handelsnamen, Warenbezeichnungen usw. in diesem Werk berechtigt auch ohne besondere Kennzeichnung nicht zu der Annahme, dass solche Namen im Sinne der Warenzeichen- und Markenschutz-Gesetzgebung als frei zu betrachten wären und daher von jedermann benutzt werden dürfen. Trotz sorgfältigem Lektorat können sich Fehler einschleichen. Autor und Verlag sind deshalb dankbar für diesbezügliche Hinweise. Jegliche Haftung ist ausgeschlossen, alle Rechte bleiben vorbehalten.

#7 Animiere die Kunden zu einer Rezension zu deinem Kindle Schreibe am Ende des Buches auf, warum dir eine positive Bewertung sehr wichtig ist.

#8 Ich habe Links integriert und geprüft Mit zusätzlichen Links kannst du Traffic, Leads, Neukunden oder auch Affiliate Provisionen generieren. Schaue das du die relevanten Links integrierst und nochmal alle geprüft hast. Optimal ist, wenn du am Ende des Buches eine Sammlung aller Links aus dem Buch in einer Übersicht anbietest.

#9 Ich habe eine spannende Buchvorschau Die ersten Seiten sollten den Abschnitt "Ziel des Buches enthalten", um den Interessenten überzeugen zu können, dass dies genau das richtige Buch für ihn ist.

#10 Ich habe den Text lektorieren lassen Wenn ein Buch veröffentlicht wird, solltest du auch darauf achten, dass die Rechtschreibung korrekt ist. Hierzu gibt es viele Anbieter, die du unter "Lektor / Lektorat" über Google findest. An dieser Stelle können wir dir unsere Lektorin aus dem eigenen Team herzlichst empfehlen. Hier findest du dazu noch weitere Informationen: https://www.digistore24.com/product/253711

#11 Ich besitze ein passendes Coverbild Das Coverbild ist das Aushängeschild deines Buches. Darauf sollten möglichst deutlich folgende Elemente zu sehen sein:

- Passendes Bild
- Sehr deutlicher und großer Titel
- Sehr deutlicher Untertitel
- Falls Freebie vorhanden, auf Cover erwähnen
- Autor Name Ein Cover sollte man stets erstellen lassen.

Hierzu empfehlen wir unsere Grafikerin, welche bereits zahlreiche Cover erstellt und viel Erfahrung hat. Weitere Informationen und den Spezialpreis von 30 Euro findest du hier: https://www.digistore24.com/product/253710

#12 Ich habe die passenden Dateiformate bereit zum Upload Du solltest die passenden Dateiformate (Buch Text & Bild) auf deinem PC in einem Ordner gespeichert haben. Noch besser: Wenn du diese auf einem externen Laufwerk oder in einer Cloud speicherst, um stets ein Update hochladen zu können und dein Buch zu sichern.

Kapitel 9 - Bestseller Status

Wir haben es in den letzten Sätzen vermehrt angesprochen: Die richtige Strategie ist entscheidend. Ohne eine solche Strategie verstaubt dein Kindle im virtuellen Bücherregal von Amazon und niemand entdeckt es jemals wieder. Dafür ist der Wettbewerb und die veröffentlichten Bücher einfach zu stark.

Wir nennen unsere Strategie " Die Bestseller Strategie".

Diese Strategie teilt sich in 3 Phasen auf

Phase 1: Kostenfreie Aktion

Hier verschenken wir das neue Kindle und verzichten für eine bestimmte Anzahl von Tagen auf unsere Einnahmen. Dies dient lediglich dazu, dass wir uns die Position eines Bestsellers sichern. Somit erreichen wir den Bestseller Status in der kostenfreien Kategorie und viele positive Bewertungen auf Amazon - und genau das ist das Ziel mit der kostenfreien Aktion.

Warum sind Rezensionen so wichtig? Sie sind sogenannter Social Proof von anderen. Andere sprechen über dich. Das zieht weitere Menschen magisch an. Wir Menschen sind Herdentiere und folgen der Herde. Was viele andere für gut empfinden, muss für mich auch gut sein.

In dieser Phase streuen wir das Kindle auf maximale Reichweite.

Phase 2: Happy Sales Days

In dieser Phase reduzieren wir den Betrag und verzichten somit auf Verdienste. Diese Phase zielt darauf ab, maximale Verkäufe zu erzeugen. Damit beweisen wir Amazon unseren Wert.

Mit der richtigen Vorgehensweise kannst du z.B. mit Facebook Marketing Klickpreise von 0,11 Cent erreichen. So schaffte es Helmut in nur 5 Tagen auf 112 Verkäufe mit einem Budget von nicht einmal 50 Euro Werbekosten.

Zur Verbreitung gibt es noch weitere Maßnahmen und Strategien, welche du einsetzen kannst.

Phase 3: Normale Verkaufsphase

Nun gilt es den Bestseller Rang zu halten und dauerhaft Top Platzierungen bei Amazon zu erlangen. Der Grundstein ist gelegt mit den ersten beiden Phasen. Oftmals reicht das bereits aus für den Status eines Bestsellers. Sollte es noch nicht ausreichen, kannst du den Prozess aus Phase 1 und Phase 2 wiederholen.

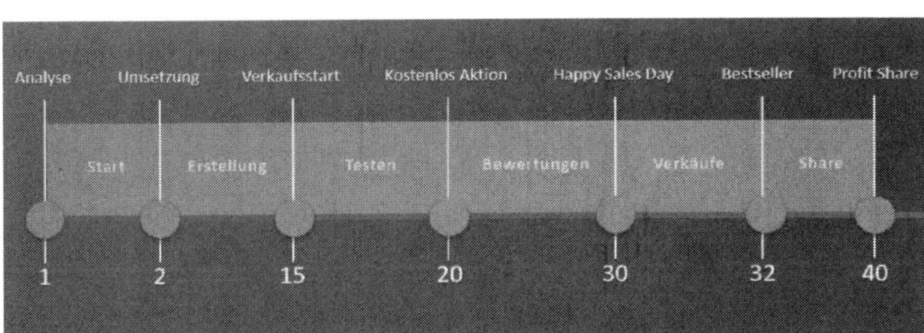

Social Media als Kindle Booster und Integrationsmaschine

Für die kostenlose Phase und die Happy Sales Days lohnt sich der Einsatz von Social Media. Hier habe ich dir einmal wichtige Ressourcen zusammengestellt, die du verwenden kannst.

Die sozialen Medien eignen sich hervorragend für den Aufbau einer Community und die Erhöhung des Bekanntheitsgrades. Du erstellst hochwertige Inhalte zu deinem Thema, baust damit eine Fangemeinde auf und gibst den Besuchern einen Vorgeschmack deines Könnens. Die wichtigsten Elemente in den sozialen Medien sind die Relevanz und deine Beziehung. Du solltest dir also im Vorfeld Gedanken über deine Zielgruppe machen und diese über Social Media mit erstklassigen Informationen versorgen und ihnen guten Content präsentieren. Für den Aufbau einer starken Fangemeinde eignen sich insbesondere Gruppen bei Facebook (diese ersetzen Foren) und FAQ Playlisten bei YouTube. Dort kannst du ganz einfach kommunizieren. Erstelle also eine Gruppe zu dem Problem deiner Zielgruppe und versorge sie mit hochwertigen Informationen. Allerdings solltest du nicht den ganzen Content selbst erstellen, sondern deine Gruppe durch gezielte Fragen in die Erstellung mit einbinden.

Achte dabei auf ein ausgewogenes Verhältnis von allgemeinen und persönlichen Tipps und Tricks. Natürlich kannst du hin und wieder auch einen Link mit Affiliate Produkten oder ähnlichem posten. Am besten ist es, wenn du einen Redaktionsplan erstellt und deine Aktionen mehrere Wochen im Voraus planst. Somit musst du nicht für jeden Post neu überlegen, was du jetzt veröffentlichen könntest und durch das vorausschauende Planen der Beiträge hast du mehr Luft für andere Dinge.

Bevor wir dir gleich ein paar Beispiele geben, wie ein solcher Redaktionsplan aussehen könnte, möchten wir dir an dieser Stelle nochmal den Merksatz aus Baustein 5 (Freebie mit Opt-In) zurück ins Gedächtnis rufen, denn oftmals werden gerade von Anfängern fatale Fehler in den sozialen Medien begangen. Erinnerst du dich? Stichwörter Party und Verkaufen? Falls nicht, blättere nochmal zurück und lies dir den Abschnitt durch. **Merke: In den sozialen Medien wird nicht verkauft!**

Selbst wenn du hin und wieder einen Glücksgriff landest und beispielsweise etwas über Facebook verkauft, wird ein Großteil deiner Community genervt sein und deine Aktivitäten als lästig empfinden. Wähle daher den "sanften" Ansatz und zeige den Leuten in Form von Videos, Blogbeiträgen oder ähnlichem was du kannst und begeistere sie. Baue mit Social Media eine nachhaltige Beziehung zu deiner Community auf und sammle anschließend die Kontaktdaten in Form der E-Mail-Adresse, damit du den Leuten dann weitere Infos zur Verfügung stellen kannst

Nun aber zurück zu deinem Redaktionsplan und einer einfachen Strategie, wie du deutlich weniger Zeit für die Erstellung deines Contents brauchst.

Erstelle zunächst ein Video (ein Skript hierfür findest du im weiteren Verlauf dieses Kapitels). Dieses Video sollte stark an deinem Zielkunden angelehnt sein. Du kannst z.B. ein Problem aus deiner Übung in Kapitel 4 (Idealkunde) beschreiben und Tipps zur Lösung geben. Alternativ kannst du auch auf eine Frage aus www.answerthepublic.com eingehen. Dieses Video lädst du bei im ersten Schritt bei YouTube hoch. (Damit es gut gelistet wird, haben wir eine Checkliste für den Video-Upload mit Top Platzierungen eingefügt) und im nächsten Schritt lädst du es ebenfalls bei Facebook hoch. Achtung: Poste bitte keine Links von YouTube in Facebook. Facebook mag keine Links von YouTube und schränkt dadurch deine Reichweite ein. Der Hintergrund ist, dass beide Giganten den Anspruch haben, die stärkste Videoplattform zu werden, die es in der Neuzeit gibt. Anschließend lässt du dein Video transkribieren, also abtippen (verwende hierzu deine Ressourcenliste für Freelancer). Die Textversion des Videos veröffentlichst du auf deiner Webseite/deinem Blog. Dadurch kannst du auch die Menschen zufrieden stellen, die lieber lesen. Am Ende trennst du die Audiospur von der Videospur und hast sogar einen neuen Podcast. Tipp: Bearbeite deine Bilder, Videos oder Audios nur selbst, wenn du damit Erfahrung hast oder es dir viel Freude bereitet. Ansonsten lass das lieber einen Freelancer für dich machen, der das viel schneller und besser umsetzen kann.

Wir empfehlen dir etwa einmal pro Woche deinen Content (Videos, Blogbeiträge etc.) zu produzieren. Dann kannst du noch ein paar Bilder hinzufügen und schon bist du bei 2-3 Posts in der Woche. Das ist genau richtig für den Anfang. Später kannst du dann die Frequenz erhöhen, wenn du immer tiefer im Thema drin bist.

Von unseren Kunden werden wir an dieser Stelle immer wieder gefragt, ob es die Leute nicht nervt, dass wird den gleichen Inhalt so oft veröffentlichen. Basierend auf unseren Erfahrungen können wir dies verneinen, denn durchschnittlich nehmen nur 16% der Community deine Aktivitäten wahr. Der Rest merkt erst gar nicht, dass etwas Neues veröffentlicht wurde. Daher erreichst du immer wieder andere Menschen. Übrigens: Nur etwa 20% dieser Menschen interagieren mit dir, die anderen sehen es einfach nicht oder sind nur Zuschauer. Das heißt im Klartext: Wenn du 100 Fans auf deiner Fanpage hast, sehen 16 Personen deine Aktionen und ca. 20% davon interagieren mit dir z.B. in Form von Kommentaren, Liken oder Teilen. Willst du deine Interaktionen erhöhen, dann poste öfters und verbessere deinen Content.

Ohne Video Marketing geht es heute nicht mehr. Daher musst du YouTube unbedingt in deine Traffic Strategie mit einbinden. Deine Videos bauen nicht nur eine persönliche Beziehung zu deinen Fans auf, sondern können auch mit relevanten Keywords (Suchbegriffen) gefunden werden. Mittels YouTube kannst du also sehr relevante Videos für deine Zielgruppe erstellen und diese mit Klick Preisen zwischen 0,01- 0,03 Cent mit Traffic versorgen. Achte darauf, dass du für YouTube sehr wichtig bist und viele Abonnenten aufbaust. Relevanz heißt übrigens, dass viele Menschen dein Video bis zum Ende anschauen. Abonnenten sind wichtig, denn die Leute abonnieren nicht nur kostenfrei deinen Kanal, sondern bekommen auch bei jeder neuen Videoveröffentlichung eine Benachrichtigung direkt von YouTube. Relevanz erreichst du, indem du dir in der Strategie in Baustein 4 (Idealkunde) anschaust, was die Leute interessiert, deine Videos maximal 3-6 Minuten lang und so oft wie möglich mit passenden Keywords versehen sind.

Produktion von Videos

Tue dir selbst einen Gefallen und räume dir eine Block Time ein. Produziere immer mehrere Videos auf einmal, denn oftmals dauert es ein paar Minuten, bis du warm bist. Blocke dir z.B. Montag Abends zwei Stunden von 18 bis 20 Uhr und produziere in diesem Zeitraum idealerweise 7-10 Videos nacheinander.

Übrigens: Wessen erstes Video perfekt ist, der hat zu spät angefangen! Um deine Videos auf YouTube hochladen zu können, brauchst du natürlich einen eigenen Kanal.

Hier ein Leitfaden zur Erstellung deines YouTube Kanals

1. Richte ein Gmail Konto ein. Somit hast du automatisch auch einen YouTube Kanal.
2. Lass dir ein Bannerbild für deinen Kanal erstellen und verwende ein persönliches Profilbild.
3. Informiere in deiner Beschreibung die Besucher darüber, was sie auf deinem Kanal erwartet bzw. nenne vier bis sechs Vorteile, welche dein Kanal für sie bietet.
4. Erstelle dein erstes Video und füge es als Kanalvideo ein. Später kannst du dieses Video durch jedes andere ersetzen.
5. Optimiere es auf die drei wichtigsten Keywords, mehr nicht!
6. Lade ein Titelbild für dein Video hoch. Dies sollte nach Möglichkeit eine gute Headline beinhalten.
7. Achte darauf, dass alle Dokumente (also Video, Bild etc.) deine Keywords enthalten.

8. Monetarisiere deinen Kanal (zusätzlicher Verdienst). Allerdings nur, wenn du nicht mit der Triple X Strategie (mehr dazu gleich) arbeitest. Das wäre extrem störend in deinen Videos.
9. Füge in die Beschreibung einen Link zu allen Affiliate Produkten ein und verlinke deine Social Media Kanäle sowie deine Homepage oder Landingpage.

„Verkaufe dich niemals unter Wert“. Es ist wohl jedem klar, was damit gemeint ist. Bevor man sich jedoch unter Wert verkaufen kann, muss man wissen, wie viel man überhaupt wert ist und hier unterschätzen sich die meisten Menschen bzw. sind zu bescheiden.

Wir möchten dir ein Beispiel geben:
Ein Handwerkermeister ist bei dir zu Hause und repariert die Heizung. Er stellt fest, dass eine Schraube defekt ist und tauscht diese aus. Für die Reparatur braucht er genau fünf Minuten. Anschließend stellt er dir eine Rechnung in Höhe von 200 € aus. Du fragst ihn verwundert, warum er denn 200 € dafür verlangt, schließlich kostet so eine Schraube nur wenige Cents und seine Arbeitszeit betrug gerade mal fünf Minuten. Der Handwerkermeister antwortet: “Genau richtig. Die Schraube hat mich so gut wie nichts gekostet und auch das Auswechseln hat nicht lange gedauert. Die Höhe des Preises wird durch mein Fachwissen festgesetzt. Ich habe herausgefunden was kaputt ist, gewusst wo ich genau solch eine Ersatzschraube herbekomme und wie ich diese anbringe, sodass ihre Heizung wieder funktioniert. Hätten Sie dieses Wissen gehabt, hätten Sie mich nicht rufen müssen.”

Was wir damit verdeutlichen möchten: Baue dir ein Wissen auf, das andere Menschen gebrauchen können und wende dieses richtig an! Denn richtig angewandtes Wissen bedeutet Macht.

Ziel: Leute sollen sich direkt für Kindle anmelden. Auch geeignet für die Landingpage, um das Kindle mit einem Video vorzustellen.

"Bist auch du enttäuscht oder frustriert darüber **[Problem/Frustration]**? Wenn du so bist wie die meisten meiner Kunden, dann wünschst du dir auch endlich **[Ergebnis/Lösung]**. Ich habe eine ganz einfache Lösung und diese wird dich brennend interessieren! Woher ich das weiß?

Ganz einfach: Ich helfe seit **[Deine "Ich helfe Botschaft"]** dabei **[Ziel/ Ergebnis]** zu erreichen. Viele meiner Kunden erreichen schon in/ nach **[definierte Zeit] [1-3 Ergebnisse/Resultate]**.

Du willst wissen, wie ich das schaffe? Dann habe ich eine gute Nachricht für dich:
Für kurze Zeit verschenke ich meinen neuen Sonderreport **[Schmerz/Freude Titel]** mit **[X Tipps, X Strategien, X Maßnahmen]**. Klicke unter diesem Video einfach auf den ersten Link und du kommst auf meine Homepage. Dort kannst du dir deinen Sonderreport kostenfrei freischalten. Binnen weniger Sekunden schicke ich dir diesen Report per E-Mail zu und du kannst ihn ganz einfach als PDF downloaden."

Nun haben wir für dich ein besonderes Schmankerl. Diese Strategie kommt von unserem guten Buddy Pascal. Er ist der YouTube Profi schlechthin. **Er nennt die Strategie "Triple X Strategie".**

Was steckt dahinter? Es handelt sich dabei quasi um einen Video-Funnel auf deinem YouTube Kanal. Du präsentierst deinen Kunden Kurzvideos von 2-3 Minuten und schickst diese dann nicht direkt auf deine Website, sondern du schickst sie von Video 1 zu Video 2, zu Video 3 und schließlich zu Video 4. Somit bleiben die Leute wesentlich länger auf deiner Seite, was dazu führt, dass YouTube einen Kanal als wichtig/relevant eingestuft und dementsprechend höher listet. Nebenbei baust du durch die Videos schon Vertrauen zu deinen Kunden auf.

Beispiel für eine Triple X Playliste:

- Video 1: Kennst du auch dieses Problem XY und möchtest gerne Ziel YX erreichen?
- Video 2: Die Lösung ist einfacher als du denkst: Content
- Video 3: Weiteren Content, weiteren Nutzen
- Video 4: Wie kannst du diese Tipps direkt umsetzen und anwenden? Besuche unsere Website
- Video 5: Das passiert auf der Seite. So musst du damit umgehen

Genial dabei ist, dass du dein Video 1 mit einem geringen Budget bewerben kannst und somit von Google kostengünstigen Traffic für 0,01-0,03 Cent auf deine Seite bekommst. Du hängst quasi einem Suchbegriff (Keyword) ein Video an. YouTube gefällt das, denn du schickst nicht auf eine Website, sondern auf eine Playliste und bezahlst dafür weniger. YouTube lebt von den Besucherdaten. Wenn du die Leute auf die Website schickst, dann kann YouTube nur noch bedingt Daten sammeln und das bestrafen sie mit höheren Klickpreisen. Umgekehrt: Viele Daten bedeuten niedrige Preise.

Wenn sich die Leute deine Videos bis zum Ende anschauen, dann sorgt das für eine hohe Relevanz (bei einem 2-minütigen Video durchaus wahrscheinlich) und das bedeutet im Umkehrschluss niedrige Klickpreise. Mit dieser Strategie wirst du automatisch auch besser in den Suchmaschinen gelistet. Je mehr Leute das Video bereits gesehen haben, desto mehr werden es auch in der Folgezeit sehen. YouTube ist die einzige Traffic Quelle, die es dir auch beim Abschalten deiner Werbung ermöglicht, deine Videos aufgrund der Relevanz ganz oben zu listen und dir kostengünstigen SEO Traffic schickt.

Ab jetzt beginnt die Magie von Amazon.

Amazon verbreitet uns in dem Partnernetzwerk (das größte Netzwerk der Welt). Diese Affiliates und Partner fangen an, uns zu empfehlen und auf Webseiten einzubinden. Wir bekommen eine sehr starke Verbreitung für unser Thema.

Amazon platziert uns in Suchmaschinen wie Bing, Yahoo und Google und macht ab jetzt Werbung auf Adwords, denn Amazon verdient damit Geld und bestimmt oftmals die Preise im Netz.

Amazon installiert das Retargeting für dich auf der Plattform. Klickt also jemand auf dein Kindle, verfolgt Amazon ihn durch's Netz und fragt ihn immer wieder, ob er nicht doch kaufen möchte.

Amazon schickt E-Mail raus, falls jemand "nur mal schaut" und erinnert den Kunden an den Kauf.

Du baust eine massive Beziehung zu deinem Interessenten auf, denn Amazon ist bekannt als Wissensplattform.

Du brauchst keine Webseite oder Technik und kannst die gesamte Vermarktung mit kostenfreiem Traffic durchführen.

Du verdienst in Rekordzeit deine ersten Einnahmen und Provisionen.

Hast du die Power eines Kindle erkannt? Ja?

Warum zum Teufel macht das Amazon? Ganz einfach Amazon besetzt somit viele Keywords die auf Amazon verweisen. Amazon ist nur auf Verkauf optimiert, dass heißt tausende Menschen kaufen ein Produkt. Kaum jemand kommt zu Amazon und sagt sich lass mal schauen was es so schönes zu kaufen gibt. Wenn jemand zu Amazon kommt dann weiß er in den meisten Fällen jetzt wird gekauft.

Amazon ist der Marketing inbegriff, denn Amazon füttert durch die Verkäufe den Algorithmus und lernt bei jedem Kauf dazu. So kauft z.B. jemand ein Kindle zum Thema Hunde, was wird Amazon mit seiner gesamten Kraft machen:

Hunde Futter, Halsbänder, Hundespielzeug, Hundebetten empfehlen. Nach diesem Prinzip verdient Amazon Milliarden. Genauso auch mit deinem Kindle, Amazon muss keinen Inhalt schreiben und bekommt von dir als Self Publisher den Content in Form eines Ebook geliefert. Amazon gibt so viel Budget bei Google oder ähnlichen Seiten aus, dass die Klick Preise für dieses Keyword unverschämt niedrig sind. Wir alle könnten uns zusammen tun und würden trotzdem nicht ansatzweise das Volumen von Amazon erreichen.

Amazon denkt in erster Linie an den Kunden und möchte ihm das beste Erlebnis bieten, danach denkt Amazon an ihren Profit. Genau aus diesem Faktor hat Amazon Werbung auf Amazon erlaubt, denn was passiert. Das Geld welches du durch Verkäufe deiner Kindle einnimmst bleibt bei Amazon.

Aus diesem Grund solltest du nun beginnen mit Amazon Werbung. Deine Werbung kostet dich an sich keinen Cent denn du finanzierst deine Werbung aus den Einnahmen. Genau das schauen wir uns einmal im nächsten Kapitel genauer an.

Kapitel 10 - Skalierung und Amazon Werbung

Durch die beschriebene Vorgehensweise sind 800 - 1200 Downloads und einige Affiliate Verkäufe keine Seltenheit. Nicht selten verdienen Partner in dieser Phase bereits 500 - 1000 Euro, was schon einmal fantastisch ist. Viele kommen nämlich niemals in einen solchen Genuss.

Doch was passiert nach der Bestseller Phase? Wollen wir den Erfolg dem Zufall überlassen oder möchten wir ein System, das dauerhaft Einnahmen und Provisionen bringt?

Es gibt eine Möglichkeit, wie du Letzteres schaffen kannst.
Dabei musst du nie wieder Kosten für Werbung aufwenden und bist trotzdem dauerhaft in den Top Platzierungen von Amazon. Und das mit einem Aufwand von nicht einmal 1h pro Woche.

Wie soll das funktionieren?

Wir nehmen das Geld aus den Tantiemen nicht aus Amazon raus, sondern wir investieren es in Werbung bei Amazon. Somit wird unser Kindle dauerhaft an oberer Stelle angezeigt, was sich auf den organischen Bestseller Rang auswirkt.

Wir nehmen also die Tantiemen aus den Verkäufen des Kindles und lassen sie im Amazon System. Wir schalten Werbung mit dem Geld, das wir verdienen. Natürlich nicht mit allem, ein Teil bleibt bei Amazon.

Durch die Werbung können wir mehr Suchbegriffe abdecken und weitere Werbeflächen in weiteren Kategorien bei Amazon besetzen. Durch die gezielte Einblendung von Werbung rutscht das Kindle ganz nach oben, denn Amazon will, dass die Werbung ständig geklickt wird. Durch jeden Klick verdient Amazon wieder Geld.

Oben eingeblendet erzielt mehr Verkäufe auf deinem Kindle, mehr Verkäufe bedeutet, dass das allgemeine Amazon Bestseller Ranking steigt. Durch ein besseres Ranking wird das Buch organisch öfter gefunden und gekauft.

Dieses System ist so lukrativ, dass z.B. Carsten aus unserem Team mit seinen Tantiemen so wirtschaftet, dass er mit nicht einmal einer Stunde Aufwand pro Woche einen Erlös von 7.583 Euro pro Monat erzielen kann.

Doch Amazon Werbung hat einen weiteren positiven Aspekt, welchen wir berücksichtigen müssen. Amazon will sehen, dass ein Thema beliebt ist. Das schaffen wir mit der im vorherigen Kapitel beschriebenen Technik.

Doch Amazon möchte auch, dass das Thema dauerhaft gefragt wird, denn sie wollen den Kunden immer das Beste präsentieren, denn so kaufen die Kunden immer mehr.

Tom ist Affiliate und hatte einen mega guten Start. Dadurch war er sehr beliebt bei Amazon - zumindest für eine kurze Zeit. Anschließend erkannte Amazon, dass das Thema scheinbar keine so hohe Nachfrage mehr hat und somit wird das Ganze rückläufig. Du kannst an dieser Stelle auch nicht wirklich argumentieren. An dieser Stelle sitzt kein Mensch vor einer Maschine. Das passiert automatisch. So fällt dein Kindle nach einem kurzen Aufschwung deutlich ab.

Tina hatte Verkäufe erreicht, doch bei weitem nicht so viele wie Tom. Doch Tina hat verstanden, dass es wichtig ist, dauerhaft Verkäufe zu generieren. Also schaltet sie Werbung auf Amazon und investiert ihre Einnahmen aus den Verkäufen. Tina genießt nun eine dauerhafte beste Positionierung und zieht sich täglich Leads und Besucher auf ihre Webseite. Diese Besucher werden in der Folge zu Kunden und so verdient Tina pro Monat ein kleines Vermögen mit ihrem Affiliate Kindle. Während Tom verzweifelt nach Sales sucht, lehnt sich Tina zurück und überlegt, welches Thema sie als nächstes angehen kann.

Amazon Werbung ist bei weitem nicht so teuer, wie du jetzt glaubst. Im nächsten Absatz siehst du ein paar Zahlen von uns. Diese können natürlich variieren, dennoch ein Richtwert sein:

Unser Invest liegt pro Verkauf bei lediglich 0,78 Cent. Wir müssen also nur sicherstellen, dass der Verkaufspreis des Kindles höher ist. 2,99 Euro ist beispielsweise ein sinnvoller Preis. So machst du mit jedem Verkauf bereits Profit.

Da wir mittlerweile voll im Affiliate Marketing angekommen sind, haben wir uns zusätzlich mit dem Thema Freiheit, Reisen und Unabhängigkeit beschäftigt.

Heißt, es muss mit der geringsten zeitlichen Investition erledigt sein. Wenn du weißt, wie das System funktioniert, kannst du dir einen dauerhaften Kreislauf von Einnahmen und neuen Leads aufbauen und das mit einem zeitlichen Invest von 1h pro Woche.

Geld verdienen wir mit den Links in unserem Kindle. So fängt das System immer mehr an Spaß zu machen. Jetzt können wir das Ganze erweitern. So zum Beispiel gibt es neben Amazon 300 weitere Portale, auf denen wir unser Kindle veröffentlichen können. Klar, Amazon ist das stärkste, doch in diesem Falle macht es die Maße.

Später gibt es dann sogar die Möglichkeit, das wir aus unserem 30 Seiten Kindle ein schönes Taschenbuch machen können und das Kindle auf ca. 80 Seiten erweitern. So können wir neben dem Kindle noch ein Taschenbuch anbieten, welches Amazon erst dann druckt, wenn eine Bestellung erfolgt ist. "Print-on-Demand" nennt sich dieser Vorgang.

Anhand der beschriebenen Vorgehensweise möchte ich dir 5 konkrete Beispiele nennen, welche du kopieren kannst. Diese 5 Beispiele liegen bei uns für ein Kindle in der Schublade und darfst du gerne nutzen.

5 praktische Anwendungsbeispiele dieses Konzeptes

#1. Anwendungsbeispiel: Affiliate Provisionen mit einem E-Mail Marketing Kindle

Nische: Online Marketing, Email Marketing
Top 4 Keywords: E-Mail Marketing, Online Marketing, Neukundengewinnung, Umsatzsteigerung

Beispiel Titel: E-Mail Marketing
Beispiel Untertitel: Online Marketing Blueprint: In 7 Schritten zum E-Mail Marketing Profi, für eine Umsatzsteigerung und Neukundengewinnung

CTA im Kindle: Die 66 besten Betreffzeilen (diese kannst du ganz einfach sammeln, indem du dich bei 5-6 Kollegen einträgst und die Betreffzeilen kopierst)

Weitere Affiliate Links: Webinar Anmeldung zum E-Mail Marketing Webinar von Klicktipp oder Quentn.

Das Ganze könntest du auch direkt zur Business Automation machen und hättest ein Kindle speziell für Unternehmer.

#2. Anwendungsbeispiel: Affiliate Provisionen mit Persönlichkeitsentwicklung - Top 10 Bücher Kurzfassungen - Audio Meditation für mehr Selbstvertrauen

Nische: Persönlichkeitsentwicklung, Mindset, Erfolg
Top 4 Keywords: Persönlichkeitsentwicklung, Mindset, Erfolg, positives Denken, Ziele erreichen, Selbstvertrauen

Beispiel Titel: Selbstvertrauen aufbauen
Beispiel Untertitel: Wie du dein Selbstvertrauen aufbaust und Selbstbewusst wirst - 7 Schritte, die deine Präsenz und Ausstrahlung komplett verändern

CTA im Kindle: Zusammenfassung von den Top 10 Büchern als Kurzform. Selbstvertrauen Meditation und Audio File.

Weitere Affiliate Links: Christian Bischoff Seminar Empfehlung: Die Kunst dein Ding zu machen, Tobias Beck oder Alexander Hartmann Empfehlung.

#3. Anwendungsbeispiel: Affiliate Provisionen Vertrieblichen Fertigkeiten

Nische: Vertrieb, Business, Unternehmer, Kommunikation
Top 4 Keywords: Vertrieb, verkaufen lernen, mehr Umsatz, Business

Beispiel Titel: Verkaufen lernen in deinem Business
Beispiel Untertitel: Netzwerke für dein Business aufbauen und durch Vertrieb Umsatz steigern.

CTA im Kindle: Gesprächsvorlage für ein Verkaufsgespräch Gespräch als Audio oder Video

Weitere Affiliate Links: Vertriebsoffensive Dirk Kreuter, Bücher Martin Limbeck, Dirk Kreuter, etc.

#4. Anwendungsbeispiel: Affiliate Provisionen: Gesunde Ernährung - 27 gesunde Rezepte die in unter 10 Minuten zubereitet sind

Nische: Ernährung, Gesundheit, Fitness
Top 4 Keywords: Gesunde Rezepte, Schnelle Rezepte, Ernährung, Abnehmen

Beispiel Titel: Gesunde Rezepte
Beispiel Untertitel: 27 schnelle und gesunde Rezepte, die du in unter 10 Minuten zubereitet hast und sogar noch ein paar Pfunde purzeln lässt.

CTA im Kindle: Kühlschrank - Check- "Auf diese 30 Lebensmittel musst du verzichten, wenn du dich gesund ernähren willst." Bonusvideos mit 5 weiteren Rezepten, welche dir bei deiner gesunden Ernährung und dem Abnehmen helfen.

Weitere Affiliate Links: Kochkurse Jochen Schweizer, Jamie Oliver, Küchengeräte, Haushaltsgeräte

#5. Anwendungsbeispiel: Affiliate Marketing Provisionen mit der in diesem Kindle beschriebenen Vorgehensweise

Nische: Online Marketing, Geld verdienen im Internet
Top 4 Keywords: Online Marketing, Geld verdienen im Internet, Passives Einkommen, Affiliate Marketing

Beispiel Titel: Neukundengewinnung für Unternehmer
Beispiel Untertitel: Anleitung wie du mit der besten Methode zur Neukundengewinnung in 2019 Leads und Neukunden für dein Unternehmen gewinnst.

CTA im Kindle: Checkliste für Unternehmer, was sie bei der Neukundengewinnung im Online Marketing beachten müssen. Inklusive Video Schulung, welche von uns als White Label verwendet werden kann. https://vimeo.com/316068443/468fe79e8a

Case Study eines 72-jährigen Kunden mit dem Thema “Südafrika Reisen”

Hans Jürgen hast du ja bereits in den letzten Seiten kennen gelernt. Nun möchte ich dir erläutern, wie es Hans Jürgen mit seiner Leidenschaft - Südafrika - geschafft hat, ein passives Einkommen aufzubauen.

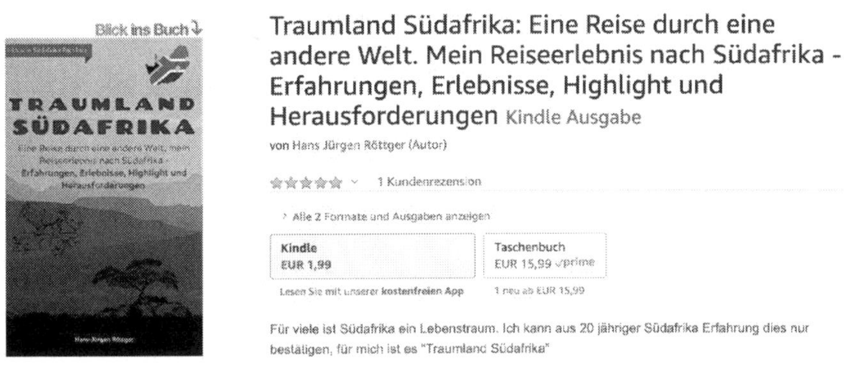

Im besten Lebensalter, entscheidet sich Hans Jürgen einen Ratgeber über seine Leidenschaft zu schreiben, bringt in der Folge einen Bestseller raus und baut sich ein zusätzliches Einkommen auf. Gerade in den letzten 6 Tagen verdiente er wieder 190 Euro mit seinem Kindle an Tantiemen. Dazu kamen 3 Verkäufe über Affiliate Marketing. Insgesamt verdiente er in nicht einmal 6 Tagen 300 Euro. Klingt jetzt nicht nach einer riesigen Summe, oder?

Stimmt, ist es auch nicht. Doch für Hans Jürgen ist das viel Geld. Wie würde sich dein Leben verändern, wenn du ein Zusatzeinkommen von 1200 Euro pro Monat hättest?

Hans Jürgen wird sein Einkommen aufbauen und sich eine Geldmaschine schaffen, die ihm regelmäßig Einkommen bringt.

Hans Jürgen hat genau die beschriebenen Strategien in diesem Kindle umgesetzt und angewandt. Geld verdienen im Internet, Affiliate Marketing oder ein Online Business ist kein Sprint. Doch es wird alle die belohnen, die eine Entscheidung treffen und beharrlich daran arbeiten.

Bei uns war das nicht anderes. Kam der Erfolg über Nacht? Auf keinen Fall. Nach 3 Jahren verdienen wir nun täglich mindestens 1000 Euro in unseren Digistore24 Accounts. Anfänglich haben wir genauso wie Hans Jürgen klein angefangen. Erst 500 Euro im Monat. Dann 1500 Euro. Irgendwann nach so 8-10 Monaten 5000 Euro pro Monat. Nach 18 Monaten erstmalig über 10.000 Euro und heute habe ich ein sehr gutes Einkommen, welches mein Jahreseinkommen aus meinem früheren Leben übersteigt.

Im Online Marketing ist das Schöne, dass du der sein kannst, der du gerne sein möchtest und deine Fähigkeiten ausleben kannst. Das Internet ist so weitläufig, dass es nach oben keine Grenzen gibt. Die Grenzen setzt du dir ausschließlich selbst.

Glaubst du mir nicht? Hier eine Case Study von uns, welche uns in 4 Wochen 6.720 Euro Einnahmen gebracht hat ohne dass wir eine Website benötigen oder eine E-Mail Liste dazu verwendet haben.

Genau richtig, eigentlich sind wir der beste Kunde unserer Strategie, denn wir setzen diese Strategie für so viele verschiedene Bereiche selbst ein.

Die Amazon Lead Strategie kannst du mit fast jedem Thema betreiben. Sei einfach etwas kreativ. Mit diesen Impulsen konnten wir dir hoffentlich einen Einblick in unsere Welt als Amazon Kindle Experten geben.

Wie kannst du das nun umsetzen?

Auf den nächsten Seiten findest du nochmals eine Zusammenfassung mit allen Schritten.

Zusammenfassung

Du brauchst für diese Strategie nur ein Word Dokument und ein Cover. Diese 2 Dateien lädst du auf Amazon hoch und nun beginnt der Zauber mit dnênpassiven Einnahmen. Diese Darstellung soll dir den viralen Effekt von Amazon nochmals verdeutlichen. Dieser Effekt kann schon in Kürze für dich arbeiten und dir täglich Einnahmen in deinen Geldbeutel bringen, den Urlaub finanzieren oder sonstige schöne Dinge ermöglichen, die man mit passivem Online Einkommen machen kann.

Fassen wir den Prozess zusammen, sodass du einen einfachen Überblick hast, wie du im Affiliate Marketing in nur einem Wochenende Provisionen verdienen kannst. Nutze diese Punkte als eine Art Checkliste, damit du nichts vergisst:

1. Schaue dir die Amazon Themen und Nischen an
2. Finde ein passendes Affiliate Marketing Partnerprogramm
3. Erstelle deine Keywords
4. Finde die richtige Emotion mit dem Transformationsprozess
5. Erstelle Titel, Untertitel und das Inhaltsverzeichnis anhand der Kategorien und Keywords bei Amazon
6. Formuliere dein Kindle aus und beschreibe in dem Kindle, WAS die Lösung ist. Verkaufe am Ende das WIE mittels deines Affiliate Links
7. Lade dein Kindle als Self Publisher bei Amazon hoch
8. Vermarkte dein Kindle bis zum Bestseller
9. Schalte Amazon Ads und baue dir einen Kreislauf, der immer ohne Kosten Traffic, Besucher und Leads bringt

Gerade in der Einfachheit passieren, fatale Fehler, denn der Mensch neigt dazu, wenn etwas extrem einfach ist, nicht mehr konzentriert zu sein und das Ganze schnell schnell zu machen. Machst du in dem Prozess einen Fehler, dann wird dein Kindle zwischen über 4 Millionen anderen Kindles nicht mehr zu finden sein. Niemand wird es kaufen und du wirst dich ärgern, weil du Zeit verschwendet hast.

Aus diesem Grund möchte ich nochmal eindringlich darauf hinweisen, dass du folgende Fehler auf gar keinen Fall machen darfst, denn sie können deinen Misserfolg bedeuten und dich im schlimmsten Fall als unglaubwürdig dastehen lassen, denn Amazon Autoren genießen einen gewissen hoch angesehenen Stellenwert. So ist es schnell passiert, dass ein regelrechter Hass Storm mit negativen 1 Sterne Bewertungen auf dich einprasselt.

Fehler Nr. 1:
Falsche Nischen Analyse bei Amazon. Nur mal fahrlässig oder oberflächlich mit der richtigen Nische beschäftigt. Bei Amazon gibt es weit über 534 Nischen, da passiert es schnell mal, dass du eine unpassende Nische wählst und dein Kindle gar keine Chance auf einen Bestseller hat, da die Mitbewunderer zu stark sind oder gar ein riesiger Verlag diese Nische dominiert.

Fehler Nr. 2:
Nicht ausreichende oder schlechte Keyword Analyse. Du glaubst, du hast ein mega Thema, doch niemand findet dich oder sucht nach deinem Hauptkeyword. Die Keywords sind hervorragende Indikatoren für den Erfolg, doch falsch gedeutete Keywords können den Absturz bedeuten. Mache dir genug Gedanken über deine Zielgruppe und das Suchverhalten. Ansonsten kann es passieren, dass du dir viel Mühe beim Inhalt gibst, ihn hingegen niemand findet.

Fehler Nr. 3:
Produktverliebte und Detail-Wahnsinnige habe eher keine Chance die Menschen richtig zu erreichen. Wichtig ist, dass du die nötigen Emotionen transportierst und dich unbedingt darauf konzentrierst, dass die richtigen Emotionen geweckt werden und diese auch entsprechend transportiert werden. Schaffe für die Leute Werte, die ihnen dabei helfen, ihr Problem zu lösen und ihrem Ziel näher zu kommen. Kommuniziere klar und deutlich und vor allem in der Sprache deiner Zielgruppe.

Fehler Nr. 4
Es gibt Spielregeln im Aufbau deines Kindle. Diese Spielregeln musst du kennen und unbedingt einhalten. Ansonsten verliert dein liebevoll zusammen gestelltes Kindle massiv an Bedeutung und Glanz. Achte immer auf den richtigen Aufbau deines Kindles und einen hochwertigen Inhalt. Verfalle jedoch nicht in die Perfektion und versuche das Kindle direkt perfekt zu machen. Denn dann schreibst du 14 Jahre an deinem ersten Kindle. Mir ist bewusst, dass der Grat zwischen Perfektion und gutem Content schmal ist, doch genau darin liegt die Kunst.

Fehler Nr. 5
Zu wenig Gedanken über die Vermarktung gemacht und den Wert der eigenen ersten Veröffentlichung überschätzt. Gerade wenn man sich so intensiv mit einem Projekt beschäftigt, steigt von Stunde zu Stunde die Überzeugung, dass man etwas großartiges geschaffen hat. Das mag sein, doch auch das Großartige musst du mit eigenen Händen erst mal in die Welt tragen, ansonsten kennt es niemand. Machst du dir hingegen zu wenig Gedanken über die Vermarktung und deine Bestseller Strategie, wird das Knock-Out in der zweiten Runde stattfinden.

Fehler Nr. 6
Nur Amazon wird für die Reichweite genutzt und über 300 weitere Portale bleiben außen vor. Am Ende geht es immer um Reichweite und Bekanntheit, deswegen nutze diese 300 Portale für deine Zwecke, denn der zusätzliche Aufwand ist so minimal, dass es fahrlässig wäre, es nicht zu machen.

Fehler Nr. 7
Unterschätzen von Amazon Werbung und das Geld falsch investieren. Einige die im Selbstversuch mit Amazon arbeiten, ziehen sich das Geld direkt wieder raus aus dem Konto nur weil sie 13,57 Euro Provisionen verdienen wollen. Anstatt einmal nachzudenken und clever zu reinvestieren. Wenn du das falsch machst, zahlst du jeden Monat drauf.
Hingegen wenn du es richtig angehst, hast du ein Einkommen von dem du dauerhaft profitierst.

Bevor wir die Angstgeschichten an dieser Stelle weiter nähren und füttern, belassen wir es nun dabei, denn es ist und bleibt die einfachste Strategie, um in Internet ein zweites Standbein aufzubauen und Geld zu verdienen. Gleichfalls ist es meine Pflicht, dich auf die Gefahren und fatalen Fehler hinzuweisen.

Damit du ganz entspannt deine Provisionen zählen kannst und das leicht verdiente Geld ausgeben kannst, stehen wir dir mit unserem Begleitkurs zur Verfügung.

Von diesem Mentoring hast du Folgendes:

- Die richtige Nische auf Amazon zu definieren, bei welcher du Besteller werden kannst.
- Wir erstellen für dich deine Keyword Analyse, sodass du dir sicher sein kannst, die richtigen Worte zu deinem Thema zu treffen und gefunden zu haben.

- Wir erarbeiten mit dir die Problem-Lösung, die exakt zu deiner Zielgruppe passt.
- Wir definieren zusammen die richtige Vermarktungs- und Affiliate Strategie.
- Wir zeigen dir exakt den Aufbau deines Kindle und erarbeiten mit dir eine Blaupause welche du 1x, 3x, 5x, 10x oder auch 100x kopieren kannst.
- Wir zeigen dir, wie du auf 300 weitere Portale kommst und massiv an Reichweite und Einfluss in deiner Nische gewinnst.
- Wir helfen dir dabei, die richtigen Stellschrauben bei der Werbung zu definieren.

Dieses Mentoring ist für dich als Kindle Leser kostenlos. Warum? Letztlich empfiehlst du uns, wenn du Ergebnisse erzeugst und wir verkaufen öfters unsere Produkte und erhöhen unsere Reichweite. Ganz einfaches Prinzip.

Was berechtigt uns dazu, sowas sagen zu können? Auch das ist einfach:

Wir selbst sind der beste Kunde dieser Strategie, mehr als 80% unseres Traffics und der Einnahmen generieren wir mit genau der gleichen Vorgehensweise. Die Strategie wurde über 3 Jahre verbessert und optimiert. Wir haben selbst 6 Bestseller raus gebracht und manche Kindles bringen uns 35-40 Leads täglich, manche mehr als 6000 Euro Einnahmen mit Affiliate Links. Wir wissen also wovon wir sprechen. aber damit nicht genug:

Szenenbekanntheiten wie Ralf Schmitz, Hermann Scherer, Dirk Michael Lambert, Renè Rink, Frederik Ebner, Joschi Hauensberger und Thorsten Jäger vertrauen auf unser Know How und realisieren mit uns gemeinsame Kindle Projekte.

Wenn du bis jetzt noch nicht an den Beweis glaubst, dann fange nochmal von vorne an zu lesen und lese das Kindle ein zweites Mal :-). Manchmal dauert es eben ein bisschen länger, bis der Funke überspringt.

Hier kannst du dich direkt zum Mentoring anmelden:
https://klickehier.com/10-tage-mentoring

Im Rahmen eines Ausbildungsprogramms hast du die Möglichkeit, diesen Prozess mit uns und anderen Teilnehmern mit dem gleichen Ziel gemeinsam an einem Wochenende durch zu führen.

Wir sind uns der Sache so sicher, dass wir genau diese Strategie in nur einem Wochenende mit dir umsetzen. Wir können eine Garantie aussprechen und dir 50 Verkäufe in den ersten Tagen nach Veröffentlichung garantieren. Im Rahmen eines 2 Tages Workshop zeigen wir dir unsere besten Tricks im Umgang mit Kindle und Amazon. In einem solchen Workshop arbeiten wir mit 20 Teilnehmern intensiv und unterstützen dich konkret.

Alle Details zu einem solchen Wochenende findest du hier:
https://salesangels.org/apc-replay/

Bevor wir zur dritten Möglichkeit kommen, möchte ich dir kurz Sebastian und einige erfolgreiche Absolventen des APC - Affiliate Profit Coaching - vorstellen. Sebastian war einmal am gleichen Punkt, wie du es bist. Er hat die gleichen Zeilen gelesen.

Er entschied sich, mit uns an einem Wochenende persönlich zusammen an seinem Projekt zu arbeiten. Keine 4 Wochen später verdient er mit seinem Online Business das erste Mal 500 Euro.

Blick ins Buch

Dem Autor folgen

Sebastian Lenz + Folgen

Gerd hat sich mit seinem mittlerweile 3. Kindle ein ordentliches zusätzliches Einkommen aufgebaut und verdient durch seine Amazon Einnahmen mehr als 3000 Euro pro Monat.

Carsten, einst Teilnehmer, ist heute Teil des Teams und erwirtschaftet mit einem Aufwand von 1h pro Woche mehr als 12.300 Euro pro Monat.

Isabell bringt den Mutter Kind Businessplan auf den Markt, knackt alle Rekorde der Verkaufszahlen und wird von jungen Mamas gefeiert.

Christine nimmt am APC Event teil und bekommt wenige Wochen später eine TV Anfrage mit internationaler Ausstrahlung. Ein TV Show Leiter wurde auf sie aufmerksam und wollte sie zu Gast haben.

Damit du nachvollziehen kannst, was Sebastian, Gerd, Isabel, Christine und Florian gemeinsam haben, schaue dir die exakte Dokumentation und die Case Study von Florian Reich an: https://salesangels.org/casestudy/

Nun kommen wir zur dritten Option:
Wie du wahrscheinlich festgestellt hast, wäre es unmöglich alle Details in einem Kindle zu präsentieren. Viel einfacher wird es, wenn Pascal und ich dir an unserem Bildschirm Schritt für Schritt zeigen, wie du das für dich umsetzen kannst.

Dazu gibt es ein hervorragendes Online Training, in welchem wir dir alle Details zeigen und du alles nachschauen kannst. Dazu haben wir ein Training entwickelt, das du dir anschauen kannst: https://salesangels.org/kindle-amazon-strategie

Selbst wenn du eine gute Richtung hast, macht es in jedem Fall Sinn, dieses Training zu prüfen und mindestens 1 * 2 Mal anzuschauen, denn so wirst du immer sicherer in der Umsetzung.

Link und Ressourcen Liste aus dem Kindle

Affiliate Meisterschaft Leaderbord: www.affiliatemeisterschaft.com
Mehr Infos über die Herausgeber dieses Kindle:
https://salesangels.org
10 Tage Umsetzungs- Mentoring: https://klickehier.com/10-tage-mentoring
Adrian Giger Case Study: https://adriangiger.com/case-study-kps

Partnerprogramme:
https://www.affiliate-marketing.de/
https://www.100partnerprogramme.de/.
Digistore24 https://partner.salesangels.org/digistore

Awin (früher Zanox): https://www.awin.com/de
Affilinet (heute ebenfalls Awin):
https://www.awin.com/de?source=web-affilinet
Tradedoubler: https://www.tradedoubler.com/de/
Superclix: https://www.superclix.de/
Clickbank: https://www.clickbank.com/
Amazon Partnerprogramm: https://partnernet.amazon.de/
Affilicon: https://www.affilicon.net/
Partnerprogramm von den Sales Angels Jens & Pascal (Eigenes)
https://salesangels.org/kindle-jens-partnerprogramm-anmeldung
Plugin Affilitizer für den Chrome Browser
https://www.affilitizer.com/de/
Themenfindung mit Amazon: https://salesangels.org/video-themen
Affiliate werben: https://salesangels.org/kindle-jens-partner-werben-partner

Inhalt Erstellung Kindle

W- Fragen Tool: https://answerthepublic.com/
Gute Frage: https://www.gutefrage.net/
Infografik zur Kindle Erstellung: https://salesangels.org/infografik-kindle

Kontaktaufnahme
E-Mail Adresse: info@salesangels.org
Instagram Jens: https://www.instagram.com/jensneubeck/
Instagram Pascal: https://www.instagram.com/webcoach/
YouTube Kanal Sales Angels: https://salesangels.org/youtube

Anmeldung zum Partnerprogramm für diese Strategie

Mit der Anmeldung zum Partnerprogramm der Sales Angles von Jens & Pascal, kannst du unsere Amazon Kindle Strategie bewerben.

Direkt nach der Anmeldung stellen wir dir alle Ressourcen und Werbemittel zur Verfügung.

Hier klicken und direkt zum Partnerprogramm anmelden:
https://salesangels.org/kindle-jens-partnerprogramm-anmeldung

Mit jeder Vermittlung der Amazon Kindle Strategie verdienst du 93,58 Euro (inklusive Upsell). Damit du ein Gefühl dafür bekommst, wie hochwertig diese Strategie ist, möchten wir dir einen offenen Einblick in unsere Zahlen geben:

Opt In Conversion auf der Webinar Anmeldeseite (automatisiert oder live) beim gesamten Traffic - also auch kalter PPC Traffic: 32,08 %, bei warmem Traffic sogar bis zu 48,4 %.

Am Webinar nehmen 40 % der Anmeldungen teil. Durch das Replay nochmals knapp 30%. Das heißt ca. 70% der Anmeldungen nehmen am Webinar teil.

Wir erreichen eine totale Sales Conversion von 17,4%.

Das erste Addon auf der direkten Bestellseite (Profi Cover) nehmen 72% der Käufer mit.

Upsell #1: Unseren Facebook und Instagram Workshop (27 Euro VK Preis) kaufen 42,4% der Kunden, welche die Amazon Kindle Strategie (Key Placement / Simple Profit) in Anspruch nehmen. Desweiteren kaufen 16,6% das Upsell Nr. #2: Die Facebook Gruppen Strategie (27 Euro VK Preis).

Jede Webinar Anmeldung hat somit 12,11 Euro Wert. Sollte der Kontakt einmal nicht gleich kaufen, kein Sorge: Du erhältst immer eine Lifetime Provision ohne Laufzeitbindung. Das heißt, egal wann du uns den Kontakt schickst, wird deine Affiliate ID gespeichert und du bekommst jederzeit deine Provision. Mehr Details findest du auf dieser Seite:
https://salesangels.org/kindle-jens-partnerprogramm-anmeldung

Zudem hier klicken und für alle relevanten Digistore24 der Sales Angels frei schalten lassen, hier klicken zur Freischaltung.
https://salesangels.org/kindle-jens-partner-werben-partner

Dein Feedback ist uns wichtig

Dein Feedback ist für uns entscheidend, denn damit entwickeln wir unsere Strategie ständig weiter.

Du möchtest etwas loswerden? Dann schreib uns gerne per E-Mail. Bitte auch mit konstruktiver Kritik, damit wir uns weiter verbessern können.

Verwende dazu folgende Email Adresse: info@salesangels.org

Wir freuen und auf deine Nachricht!

Dir hat dieses Kindle einen Wert gebracht und die Sicht des Affiliate Marketing vereinfacht? Du hast einen klaren Fahrplan oder findest dich jetzt im Affiliate Marketing besser zurecht?

Teile deine Meinung mit anderen Interessenten und hilf uns, bei unserer Aufgabe, Online/- Affiliate Marketing radikal zu vereinfachen und 100.000 Menschen dabei zu helfen, ein zweites Standbein mit Affiliate Marketing aufzubauen. Wir freuen uns eine positive Bewertung. Klicke dazu einfach auf folgenden: Hier klicken und die Referenzen anschauen. https://confidentcustomer.com/Sales-Angels---Saleway-GmbH-reviews

Empfehle dieses Wissenswerk gerne an deine Freunde.

Du willst mehr über die Autoren Pascal Schildknecht und Jens Neubeck erfahren? Dann besuche unsere Seite unter:

Mehr über Jens erfahren: https://salesangels.org/ueber-jens-neubeck

Mehr über Pascal erfahren: https://salesangels.org/pascal-schildknecht/

Außerdem können wir dir unsere Social Media Kanäle empfehlen.

Privates von Jens & Pascal findest du auf unseren Instagram Profilen unten.

Profil von Pascal Schildknecht auf Instagram:
https://www.instagram.com/webcoach/
Profil von Jens Neubeck auf Instagram:
https://www.instagram.com/jensneubeck/

Zum Austausch und für direkte Kommunikation findest du uns auf Facebook unter:
https://www.facebook.com/Sales-Angels-177772526263405/

Zudem haben wir ein Wissensportal mit Content eingerichtet. Dieses findest du auf unserem YouTube Kanal der Sales Angels:
https://www.youtube.com/channel/UCRCBtJouovyjwof_K1WSkvg

Kontaktdaten für die direkte Kommunikation: info@salesangels.org

Über den Autor

Jens Neubeck - *Während die Einen fragen was mir die Zukunft bringt, gestalten die Anderen ihre Zukunft selbst. Mach dir die Welt wie sie dir gefällt.*

Wer ist dieser Jens Neubeck?
Mein Name ist Jens Neubeck. Ich bin 29 Jahre jung und ein Online Unternehmer aus der Südpfalz.
Viele meiner Kunden und Partner beschreiben mich in folgenden Sätzen:

"Durch den Wissenshunger für Online Marketing Strategien, Verkaufspsychologie und Marketing Konzepte bildet sich Jens immer und überall weiter. Auch noch nach 4 Jahren ist er genauso wissenshungrig für Neues wie noch zu seiner anfänglichen Zeit. Durch den enormen Wissensschatz entsteht eine kreative Ader, welche vielen Menschen und Partnern einen extremen Mehrwert verschafft."

"Er versteht es Menschen zu begeistern, sie zu motivieren und zum Nachdenken anzuregen. Vor allem da er eine sehr empathische Fähigkeit hat und sich blitzschnell in die Probleme und Situationen seiner Mitmenschen hineinversetzen kann."

Doch das war nicht immer so. Auf meiner Reise in die Szene und zu Bekanntheit sowie dem Aufbau eines profitablen Online Business musste ich so manche harte Rückschläge und Niederlagen ertragen. Oftmals wollte ich aufgeben. Doch heute weiß ich, jede dieser Herausforderungen waren Wachstumsbereiche meiner Persönlichkeit. Ich konnte meine Persönlichkeit entwickeln und an den Aufgaben zum Unternehmer wachsen. Ich bin durch die nötige Begeisterung und dem Glauben an die Verwirklichung meiner Träume dran geblieben und habe immer weiter gemacht. Dieser Ehrgeiz war es, der mir geholfen hat, den Durchbruch zu schaffen.

Heute bin ich umso ehrgeiziger und lebe nach zwei Prinzipien:

1. Anfangen - weitermachen - dran glauben.
2. Während der eine fragt, was die Zukunft bringt, gestaltet der andere seine Zukunft selbst.

Viel Spaß bei der ausführlichen Version und der gesamten Geschichte von Jens Neubeck!

Mein Name ist Jens Neubeck und ich bin mit 29 Jahren das älteste von drei Kindern. Ich bin in einem kleinen Dorf in der schönen Südpfalz aufgewachsen. Ich habe einen Realschulabschluss, bin ausgebildeter Groß- und Außenhandelskaufmann und mittlerweile mit Leidenschaft erfolgreicher Online Unternehmer. In der Online Marketing Szene werde ich auch: Der sympathische Pfälzer mit seinem speziellen Dialekt" genannt. :-)

Allgemein bin ich schon immer ein Ausreißer und Querdenker gewesen, auch in der Familie. Was alle machen, das war für mich nicht spannend genug. Aus diesem Grund war ich grundsätzlich erst einmal einer anderen Meinung (vor allem der wie meine Eltern).

Meine Schulzeit

In meiner Jugend war ich eher ein Außenseiter und lebte etwas zurückgezogen.
Als zusätzliches Päckchen kam hinzu, dass ich eine starke Lese - Rechtschreibschwäche hatte. Regelmäßig wurde ich von meinen Klassenkameraden ausgelacht, da ich kaum einen Satz flüssig lesen konnte. In den Diktaten wäre es für meine Lehrer einfacher gewesen, sie hätten die Wörter markiert, die ich richtig hatte, denn im Grunde war mein gesamtes Diktat übersäht mit Schreibfehlern.

Eines sagten mir meine Eltern mit guter Absicht immer wieder...

Schreibe gute Noten, dann bekommst du einen guten, einen "sicheren" Job.

Tja, in der 8. Klasse, wenn man gerade total am Pubertieren ist, ist das gar nicht so einfach. Meine Versetzung in der Realschule war mit 8 mal der Note 5 extrem gefährdet. Diese Tatsache konnte ich bis zum Halbjahreszeugnis verheimlichen (fragt mich bitte nicht wie!) Meine Eltern wussten also nichts davon, umso größer war das Überraschen, als das Zeugnis dann den Eltern vorgelegt werden musste.

Es folgte ein Elterngespräch und viele Besuche meiner Eltern in der Schule, wo sie mit jedem Lehrer über mein Verhalten, meine Mitarbeit und meinen Leistungen sprachen.
Allerdings ließen mich jegliche Kritik, Tadel und Bestrafungen kalt, bis meine Eltern mir folgendes klarmachten:

"Wenn du das Klassenziel nicht erreichst, musst du deine Klasse verlassen. Du kannst nicht mehr mit deinen Freunden Fußball spielen, denn sie haben wahrscheinlich andere Unterrichtszeiten als du und auch nicht mehr so viel Zeit für dich."

Dieser Gedanke bewegte mich dann doch dazu, meinen Allerwertesten hoch zu bekommen. Mit viel Ehrgeiz und Gutwill meiner Lehrer schaffte ich gerade so das Klassenziel. Puh!

Und da war es das erste Mal! Das Gefühl und das Bewusstsein:

Wenn ich etwas will und mich richtig reinhänge, dann schaffe ich es auch!

Seitdem weiß ich sowie alle Leute in meinem Umfeld, wenn ich mir etwas in den Kopf gesetzt habe, dann gehe ich es auch mit voller Motivation an und beiße mich fest wie ein Pitbull.

Aber kommen wir zu dem Teil zurück, wie ich Unternehmer geworden bin.

Das Unternehmer-Gen hatte ich schon als kleiner Junge in mir.

Mein erstes Unternehmen als Kind

Die Idee meiner ersten Selbständigkeit kam mir nach der Diskussion mit meinen Eltern über eine Erhöhung meines Taschengeldes. Als Jugendlicher braucht man schließlich gutes Taschengeld, um sich Markenkleider, PC Spiele, Fussball-Trikots und andere Dinge kaufen zu können.

Meine Tante kam zu uns, um Walnüsse abzuholen. Wir hatten einen Haufen davon und sie waren unglaublich groß. Alle Freunde und Bekannte liebten diese Nüsse und wir waren froh, wenn wir einen Teil davon loswerden konnten.

Ich dachte mir also: Wenn diese Nüsse bei den Freunden meiner Eltern so beliebt sind, dann sind sie das bestimmt auch bei anderen Menschen. Also bastelte ich mir ein Schild, auf dem stand: "Walnüsse zu verkaufen! 1 Kilo extra große Walnüsse für 2,50 DM." Damit stellte ich mich an die große Straße unseres Dorfes und verkaufte meine Nüsse.

Zu meiner Begeisterung lief das sehr gut, so gut sogar, dass ich hätte noch mehr verkaufen können. Aber wie sollte ich das alleine schaffen?

Ich eröffnete einen zweiten Verkaufsstand und spannte meinen Bruder, meine Schwester und meine Cousine in meinen Nuss-Vertrieb mit ein. Jeder bekam einen Anteil der Einnahmen und ich belieferte nur noch mit meinem Ket - Car die Nuss-Stationen.

Da mir das immer noch nicht genug war, überlegte ich, wie ich weiteren Profit machen könnte. Wer könnte denn sonst noch Nusskerne in größeren Mengen gebrauchen?
Ah ja! Bäckereien!

Ich klapperte also alle Bäckereien im Umkreis von 5 km an und fragte, wem ich Nusskerne liefern darf und gewann einige neue Kunden. Das bedeutete allerdings auch mehr Aufwand.
So spannte ich meinen Vater und meine Mutter ein. Ich erinnere mich an Badewannen voll Nüsse, die mein Vater mit einem Straßenstampfer öffnete und wir Kinder die Kerne aussortierten.

Das ergab mächtig Profit, aber auch die ersten Probleme. Unser Nussvorrat war schnell aufgebraucht, mein Vater hatte keine Lust mehr die Nüsse zu öffnen und uns Kindern machte die Arbeit zunehmend weniger Spaß.

So ging das erste Unternehmen nach seinem schnellen Aufstieg nach nur einem Herbst wieder den Bach hinunter.

Mein zweites Unternehmen als Jugendlicher

Wenige Jahre später entdeckte ich aus meiner Leidenschaft zu PCs und Internet eine neue Möglichkeit Geld zu verdienen. Zusammen mit meinem Kumpel Andi, der ein absoluter Computer-Freak war und immer noch ist, gründeten wir ein Computer-Unternehmen.

Kaum jemand wusste etwas über das Innenleben so eines Kastens, bzw. wie man damit umgeht, geschweige denn wie man das Internet richtig einrichtet. Also boten wir Netzwerkinstallationen, PC-Reparaturen und PC-Konfigurationen an. Wir kauften durch die Netzwerkinstallation alte PCs auf, schlachteten sie aus, kauften Ersatzteile ein und verkaufen die PCs dann wieder mit einer Marge.

Ein sehr profitables Model und wir verdienten gutes Geld.

Leider löste sich das Unternehmen auf, als wir mit der Ausbildung begannen und kaum noch Zeit für unser Hobby hatten. Doch ich lernte etwas dazu:

1) Mir wurde bewusst, dass ich unbedingt etwas im Internet machen will.
2) Mir wurde klar, dass Menschen gut dafür bezahlen, wenn man Probleme für sie löst.

Kein Bock auf 9 to 5 Job, Ruf der Freiheit

Wie bereits erwähnt, war mein Abschluss der Realschule mehr schlecht als recht. Grundlegend war ich aber nicht faul, sondern einfach desinteressiert für die Dinge, die in der Schule gelehrt werden. Zum Glück kann man nach der Schule eher bestimmen in welche Richtung es geht.

Für mich war eine Ausbildung zum Groß- und Außenhandelskaufmann das Naheliegendste. Doch leider wurden meine Erwartungen dort nicht erfüllt. Ich wurde 3 Jahre lang mehr als Lagerarbeiter als als Kaufmann ausgebildet. Am Ende stand ich mit sage und schreibe 300 Überstunden, einer Ausbildung als "Logistiker" und der Aussicht auf ein Gesellengehalt von 1250 Euro Netto da. Wahnsinn!

Nein, so hatte ich mir das nicht vorgestellt! Ich war so demotiviert, dass ich zunächst erstmal zur Bundeswehr flüchtete. Ich absolvierte die Grundausbildung und Spezialgrundausbildung und hatte dann viel Zeit zum Nachdenken. Mir wurde hier bewusst, dass ich das nicht mein Leben lang machen wollte.

Nicht nur die Arbeit an sich, allein das 9 to 5 Arbeitsverhältnis war einfach nichts für mich, ich kam mir vor wie in einem Gefängnis. Ich wusste, ich bin nicht für das System gemacht und brauche einen anderen Kick. Mein neues Ziel bestand darin, mich weiterzubilden und somit die Chance auf einen besseren Beruf zu erhöhen.

Zurückgekommen entschied ich mich dazu selbständig zu werden. Ich versuchte mich in einem Strukturvertrieb von Versicherungen. Meine Eltern waren natürlich mega begeistert, so viel zum Thema sicherer Job. Doch ich wollte es durchziehen. Der Wunsch frei zu sein, mein Einkommen selbst zu bestimmen, kreativ zu sein und meine eigenen Entscheidungen treffen zu können, war unglaublich groß.

Selbst - ständig, das nächste Hamsterrad

Im Versicherungsvertrieb war ich nun endlich selbständig! Ich verdiente gutes Geld damit, erhielt Prämien usw., wodurch ich meine Außendarstellung, die mir zu dieser Zeit sehr wichtig war, finanzieren konnte.

Aber auch hier kam schnell die Ernüchterung. Ich stellte fest, dass die Selbständigkeit das gleiche Hamsterrad wie im Angestelltenverhältnis ist, nur eben etwas größer und schneller. Ich merkte, dass dieses ganze Tamtam von wegen "bester Mitarbeiter" etc. total oberflächlich ist. Mir wurde bewusst, dass ich nur gesehen werde, wenn ich die Zahlen erfülle, mehr nicht.

Mit der Zeit konnte ich mich mit dem Ganzen nicht mehr identifizieren. Anzug tragen, Hochdeutsch sprechen, einschleimen, "ja" und "amen" sagen... das bin nicht ich! Zudem schuftete ich hart, fast 16h pro Tag, 7 Tage die Woche, ohne Urlaub und Freizeit.
So hatte ich mir das ehrlich gesagt auch nicht vorgestellt.

Dennoch bin ich dankbar für die Dinge, die ich in und durch diese Zeit lernen durfte:

1) Lerne zu verkaufen.
2) Baue ein System auf, das immer wieder Neukunden bringt.
3) Achte auf die Wahl deiner Mentoren und Vorbilder.
4) Verändere erst die innere Welt, dann kommt die äußere Welt von alleine

Zudem beschloss ich:

1) Ich möchte Unternehmer (nicht Selbständiger) sein.
2) Ich verkaufe nur das, was zu 100% zu mir passt.
3) Ich verstelle mich nicht und bleibe so wie ich bin.
4) Ich baue mir ein passives Einkommen auf, welches auch Einnahmen erwirtschaftet, selbst wenn ich mal nicht da bin.

Und so entdeckte ich meine große Liebe, meine Berufung...

Meine Passion und meine Herzensliebe

"Passives Geld verdienen im Internet als Online Unternehmer." Das war es! Dieser Satz war magisch und faszinierte mich! Alles, was ich bis zu dieser Zeit gelernt hatte, alle Erfahrungen vereinten sich. Ab diesem Zeitpunkt war ich wie in Trance und konnte nicht mehr von dem Thema Online Marketing weg kommen.

2014 habe ich mich das erste Mal mit dem Thema Online Marketing beschäftigt und hatte bis dato keine Ahnung davon. Mich faszinierte diese Welt, mit dieser Begeisterung steckte ich meinen guten Freund Philipp Geiger an, gemeinsam gründeten wir unser Internet Unternehmen.

Wir haben uns dann über Monate hinweg darüber informiert, eingelesen etc., jedoch innerhalb von 9 Monaten nur 19,59 Euro verdient und 28 Mailadressen gesammelt. Die Anfangseuphorie ließ nach und wir kamen an den Punkt an zu denken: Das funktioniert alles nicht!

Da wurde mir klar, dass ich jemanden brauche, der mir zeigt wie es funktioniert. Und ich wollte, dass dieser jemand Ralf Schmitz ist. (Wie du merkst, setze ich mir gerne hohe Ziele). Es hat fast 12 Monate gedauert, bis ich mit ihm sprechen konnte, aber es hat sich gelohnt!

Mir war bewusst, dass es viele Leute gibt, die gerne mit Ralf persönlich arbeiten möchten, daher war mir klar, dass ich für Ralf einen Wert schaffen musste. Ich machte ihm ein Angebot. Meine Pitch war folgende: "Ralf wäre es für dich interessant, wenn ich dir dabei helfe, wie du mit gleichem Zeitaufwand mehr Umsatz raus holst und Telefon Marketing für dein Business einsetzen kannst?". Dem stimmte er zu und unsere gemeinsame Reise begann. Er wurde mein Mentor und ich telefoniere seither für ihn.

Seine erste Empfehlung für uns war die Blackbox. Diese haben wir sehr erfolgreich umgesetzt und konnte nach 118 Tagen das erste Mal 1411,65 Euro an einem Tag verdient. Unser Affiliate Business lief also. Nun war es an der Zeit, dass ich mich um unser eigenes Produkt kümmerte.

Ich dachte mir, dass ich nicht der Einzige bin, der zu Beginn vor solchen Herausforderungen und Problemen stand und dass ich damals froh gewesen wäre, wenn ich einen Leitfaden oder Tipps gehabt hätte, an denen ich mich hätte orientieren können. Und so entstand "lernevondenbesten".

Da uns zu dem Zeitpunkt niemand kannte (bis dahin war ich ja nur als Affiliate aktiv) wusste ich, dass mir niemand glauben würde, wenn ich so einen Leitfaden schreibe. Daher habe ich mich an erfolgreiche Personen der Szene gewandt und sie gefragt, ob ich sie interviewen darf.

Ich erhielt die Zusagen von: Christian Bischoff, Alexander Hartmann, Dirk Kreuter, Dejan Novakovic, Pascal Feyh, Calvin Hollywood, Pascal Schildknecht, Jakob Hager, Ralf Schmitz, Florian Schoel und Alex Fischer. Die Interviews wurden gefilmt und zu einer DVD zusammengestellt. Lernevondenbesten.com war ein Online Kongress, den es so noch nicht gab.

In Folge dessen sammelten wir über 12.000 E-mail Adressen und erlangte in der Szene Bekanntheit. Heute bin ich noch immer mit allen in sehr gutem Kontakt.

Nicht nur wegen einer innovativen Art, sondern auch durch das „Kuckucks Marketing" - ich habe mir überlegt wie machen diese Persönlichkeiten für mich eine Werbung und habe jedem eine Single Mail an alle Teilnehmer angeboten mit dem besten Freesie. So habe ich jedem Experten viele Kontakte ins Nest gelegt und diese Provision ausbrüten lassen durch ihren Funnel.

Parallel habe ich immer an meinen Konzepten und Strategien gefeilt und diese weiter entwickelt. Dadurch wurde wir der Top Affiliate von Ralf.

So konnte ich 30% der Kontakte nach dem Webinar in Umsatz verwandeln. Desweiteren habe ich im Jahr 2017 mein Meisterwerk entwickelt: die Vermarktung eines High Price Produktes von Ralf Schmitz, ein 2 Tages Seminar. In nur 5 Monaten konnte ich mit dieser Strategie fast 250.000 Umsatz für Ralf erwirtschaften, ohne dass ich einen neuen Kontakt gebraucht habe. Dies war dann auch mein Ritterschlag in der Szene. Heute erwirtschaften Ralf und ich mehr als 500.000 Euro pro Jahr.

Alle bisherigen Erkenntnisse, Inhalte aus den Interviews und meine Erfahrungen im Telefon Marketing haben wir in unserem Buch "Goldrausch Online Marketing" zusammengefasst. Dieses Buch wurde binnen von wenigen Monaten über 2000 Mal verkauft und zum Amazon Bestseller.

Ich arbeite mittlerweile für Andre Loibl, Ralf Schmitz, Pascal Schildknecht, Mario Burghard, Alireza (Storyteller), Jakob Hager und Florian Schoel.

Neben High Price Strategien und Online Marketing Neukundengewinnungskonzepte sowie Umsatzsteigerungsstrategien habe ich mein sehr erfolgreiches Affiliate Business.

Vor kurzem war es an der Zeit den nächsten Schritt einzuleiten. Dazu schlossen wir uns mit unserem werten Kollegen und guten Freund Pascal Schildknecht zusammen und wir gründeten die Sales Angels.

Bei den Sales Angels entwickeln wir hochklassige Online Marketing Produkte für Unternehmer, Trainer, Berater und Coaches. Wir helfen ihnen mit Marketing Konzepten und Business Strategien dabei, sich im Online Marketing besser zurecht zu finden, Neukunden aus Online Marketing zu gewinnen und ihren Umsatz nachhaltig zu steigern, ohne dass sie selbst Online Marketing Profi werden müssen.

Mehr und Mehr Puzzleteile fügten sich über die Zeit zusammen und ergaben mein großes Bild, meine Bestimmung, meine Aufgabe. Auf der abenteuerlichen Reise machte ich mir 3 Dinge zu meinem Lebensmotto:

3 Dinge, nach denen ich mein Leben gestalte

Ich blicke heute mit Freude und Stolz zurück und bin sehr dankbar, dass mir das Leben dieses wundervolle Geschenk mitgab. Ich bin täglich froh für das, was mir passiert ist, mit allen Höhen und Tiefen. Alles trug dazu bei, dass ich heute da bin, wo ich bin und mit Stolz und Herzklopfen über mein Online Business sprechen darf.
Meine Lebensmottos entstanden genau aus diesen Erfahrungen:

1. Anfangen - Weitermachen - Dran glauben
2. Wer will, der findet Wege, wer nicht will, der findet Ausreden.

3. Der eine fragt sich, was die Zukunft bringt, der andere gestaltet seine Zukunft selbst. Ganz nach dem Motto von Pippi Langstrumpf: "ich mache mir die Welt wie sie mir gefällt!"

Und um nochmal zu dem sympathischen Pfälzer mit seinem speziellen Dialekt zurückzukommen: Ich habe auch gelernt, mir nicht von anderen Leuten etwas sagen oder schlecht reden zu lassen. So gut wie alle sagten mir zu Beginn, dass ich Hochdeutsch sprechen solle, weil sich das besser anhöre. Wie du siehst, bin ich dennoch erfolgreich und mein Dialekt zu meinem Markenzeichen geworden. Und das gehört ebenfalls zu meinem Geheimrezept: Sei stets du selbst, das ist authentisch! Und Authentizität ist besser als Perfektion!

Meine Aufgabe und der Zweck
Ich helfe 100.000 Menschen dabei Online Marketing richtig einzusetzen, damit sie automatisiert Neukunden aus Online Marketing gewinnen und mit einfachen Marketingkonzepten ihren Umsatz nachhaltig steigern.
Mehr private und persönliche Eindrücke findest du auf meinem Instagram Profil unter:
https://www.instagram.com/jensneubeck/

Copyright

Printed in Poland
by Amazon Fulfillment
Poland Sp. z o.o., Wrocław

76317337R00085